Dramas Navideños

PARA JOVENES Y ADULTOS

David Guevara Muñoz
Gloria Sachs
Luis Bernal Lumpuy
Esteban P. Elías

CASA BAUTISTA DE PUBLICACIONES

CASA BAUTISTA DE PUBLICACIONES

7000 Alabama Street, El Paso, TX 79904, EE. UU. de A.

www.casabautista.org

Nuestra pasión: Comunicar el mensaje de Jesucristo y facilitar la formación de discípulos por medios impresos y electrónicos.

Ediciones: 1985, 1987, 1990, 1994, 1996, 1998
2000, 2001, 2004, 2007, 2008
Decimosegunda edición: 2009

Clasificación Decimal Dewey: 791.622

Temas: 1. Navidad; teatro

ISBN: 978-0-311-08227-8
C.B.P. Art. No. 08227

1 M 7 09

Impreso en Colombia
Printed in Colombia

INDICE

PREFACIO

Frente a la urgente necesidad de proveer al mundo hispano de nuevos materiales para programas navideños y fascinado por el deseo de descubrir a personas dotadas del don de escribir, el Departamento de Libros Generales de la Casa Bautista de Publicaciones patrocinó en 1984 un Concurso de Dramas para Navidad.

Con gran entusiasmo, veintiún escritores, representando a Argentina, Colombia, Costa Rica, Ecuador, España, Estados Unidos, Guatemala y Honduras, respondieron al desafío de la categoría de dramas para jóvenes y adultos. De las veintiséis obras que se recibieron, el jurado eligió las cuatro que estimó eran las más meritorias. A éstas se les premia con el privilegio de verse publicadas en esta antología que con mucho aprecio se dedica a sus talentosos escritores.

Primer Puesto
EL PRIMER REGALO
David Guevara Muñoz
Costa Rica

Segundo Puesto
NAVIDAD VIVIENTE
Gloria Sachs
Argentina

Tercer Puesto
LA NAVIDAD DE UN MUSICO
Luis Bernal Lumpuy
cubano
domiciliado hoy en los
Estados Unidos de América

Cuarto Puesto
UNA NAVIDAD DIFERENTE
Esteban P. Elías
Argentina

EL PRIMER REGALO

David Guevara Muñoz

PERSONAJES:
  Jozabad, mesonero judío.
  Ruth, esposa del mesonero.
  María, madre de Jesús.
  José, esposo de María.
  Mateo, uno de los apóstoles.
  Coro o grabación de música navideña.

Introducción: Este drama presenta a grandes rasgos la vida de Jozabad, mesonero judío. Caracteriza el protagonista la dureza de corazón, su inconformidad con la vida, su amor excesivo por el dinero y sus dudas respecto de Dios. Su esposa, Rut, es una mujer sensible y temerosa de Dios. Ella lucha con Jozabad debido a su ceguera espiritual que lo lleva a dudar, inclusive, de que Jesús es el enviado de Dios. Jozabad posee un mesón pequeño y humilde, igual que su casa y, sin darse cuenta de lo que sucede, tiene el privilegio de hospedar a José y María en el establo de su casa. Su esposa le pide a Dios que le abra los ojos a su esposo.

Treinta y tres años después, Jozabad llega por casualidad a Jerusalén el propio día en que Jesús es crucificado. El no da mayor importancia a lo que sucede, pero se hospeda en un cuarto que está en el mismo piso del aposento alto. Cuando los apóstoles llegan, Jozabad tiene la oportunidad de dialogar con Mateo, quien lo pone al tanto de lo que acontece. Una vez que Mateo le va relatando, Jozabad comprende que ese Jesús que ha sido crucificado es el mismo que nació en su humilde establo. Luego, a solas, tiene un encuentro con Dios.

ESCENA I

(La escena se realiza en una habitación humilde, de paredes agrietadas y desteñidas. Se nota que pertenece a una familia de escasos recursos económicos. Hay pocos muebles: una mesa con una vela encendida, unos asientos sencillos, un canasto y algunos utensilios sobre la mesa. Debe haber una puerta que dé al exterior y otra que dé a los cuartos. La luz debe ser suave, dando la imagen de quietud y silencio. La noche ha llegado. La esposa permanece sentada, tejiendo.)

JOZABAD. *(Entra a la casa con una bolsa en sus hombros y con un marcado gesto de cansancio en su rostro.)* —¡Uf! ¡Qué día más cansado y largo! Si seguimos así, yo no sé a dónde vamos a parar. Cada día la situación se complica más y más. Mientras sigamos siendo dominados por el imperio romano, no podremos superarnos ni prosperar. La pobreza no deja de azotarnos.

RUT. *(Deja de tejer para escuchar lo que su esposo le dice.)* —Oh, Jozabad, ¿hasta cuándo dejarás esa forma tan negativa de expresarte? Te he dicho cientos de veces que no debemos preocuparnos por esas cosas. Debemos confiar en Dios. Estoy segura de que él hará lo mejor para su pueblo. El nunca nos ha abandonado. ¿Por qué habría de hacerlo ahora? Además, ya te he dicho que. . .

JOZABAD. *(Con gesto de violencia y voz fuerte y cortante.)* —¿Cuántas veces te he dicho que no me hables de esas cosas? Perdona que sea brusco contigo, pero es que ya me tienes cansado con esas fantasías tan absurdas que se te han metido en la cabeza. No sé cómo puedes creer que Dios nos enviará un Salvador. ¿Es que no te das cuenta? Somos nosotros los que tenemos que luchar. No podemos esperar a que Dios nos envíe el tan esperado Salvador. Somos nosotros quienes debemos sacudirnos este yugo. Tenemos tres hijos que cuidar, y mientras sigamos con esta pobreza no tendremos qué ofrecerles.

RUT. *(Con rostro de ternura y comprensión.)* —Lo sé. Yo te entiendo, Jozabad. Pero. . . ¿no crees que es mejor dejar que Dios haga las cosas a su modo? Estoy segura de que él librará a nuestro pueblo; pero estoy aún más segura de que él proveerá lo necesario para que podamos vivir. Además, no son las riquezas las que valen. Podemos criar a nuestros niños con lo poco que tenemos. Es mejor que crezcan en un lugar humilde pero lleno de amor, que en un palacio lleno de odio. Ya verás que Dios nos mostrará su amor. El es fiel, sólo debemos tener paciencia.

JOZABAD. *(Con gesto burlesco y de desaprobación.)* —¡Paciencia! ¡Ya! ¿Crees que debemos aguardar hasta que no tengamos nada? Es más, si Dios en verdad nos amara, ya habría hecho algo, pero se ha demorado. Seguro es que ya no nos ama.

RUT. *(Reacciona de inmediato por lo que ha dicho su esposo.)* —¡Oh, no! Jozabad, por favor no digas esas cosas. Me da miedo cada vez que dices eso acerca de Dios. Si él no nos amara, no tendríamos ni abrigo ni comida.

JOZABAD. —¡Exacto! ¡Tú lo has dicho! ¿No te das cuenta? Abre los ojos. Mientras que unos pocos tienen riquezas en abundancia, a nosotros apenas nos alcanza para abrigarnos y vivir. ¿Crees que esto es vida? Me casé contigo y tuve hijos; ahora quiero darles un hogar digno y no las miserias en que hasta ahora hemos vivido.

RUT. *(Con voz dulce apoyándose en el hombro de su esposo.)* —Y nos lo has dado, Jozabad. No tienes por qué decir esas cosas. Estoy feliz de ser tu esposa y nuestros hijos se sienten orgullosos de ti. ¿Qué más le podemos pedir al Altísimo? El nos ha dado un hogar humilde, pero lleno de amor, y esto es lo que podemos y debemos ofrecer a nuestros hijos.

JOZABAD. *(Más calmado y con voz más suave.)* —Quisiera pensar como tú, mi amada Rut, pero no puedo comprender tu calma, tu pasividad y tu paciencia tan extremadas. Admito que Dios nos debe amar, pero. . . no he visto nada hasta ahora que nos lo haya manifestado. Si al menos tuviera una prueba tangible de su amor, aceptaría la verdad de su amor sin más ni más. Pero hasta ahora. . .

RUT. *(Con cariño.)* —Nunca cambiarás, Jozabad. Toda la vida has sido un hombre incrédulo, te cuesta abrir los ojos para ver las cosas que suceden a nuestro derredor. Ojalá algún día llegues a creer y confiar en Dios. Sabes muy bien que eso sería lo más grande para mí.

JOZABAD. *(Colocando ambas manos sobre los hombros de su esposa y mirándola a los ojos.)* —Y para mí, lo más grande sería ofrecerte un hogar digno de una familia tan comprensiva y cariñosa. Sabes que eso me haría muy feliz. Cada noche sueño con que vivimos en una casa más cómoda, más espaciosa; es decir, una verdadera casa. Claro, quién sabe cuándo mi sueño será realidad. No sueño con un palacio, no, eso sería mucho pedir; además, ningún príncipe o rey gustaría de hospedarse en el palacio de un pobre. ¡Ya! Mucho menos lo haría en esta casucha que está a punto de caerse.

RUT. —Algún día, algún día será realidad, Jozabad. Algún día Dios te proveerá de lo que siempre has soñado. Es más, aunque no lo creas, podría suceder que un gran rey se hospede en tu humilde casa. Para Dios no hay nada imposible. Además, tú no eres tan pobre. Tienes un mesón que, aunque pequeño y humilde, sirve para dar abrigo a los fatigados viajeros. Y en estos días recibirás más ganancias porque muchas personas han venido a empadronarse, acatando el edicto de Augusto César.

JOZABAD. *(Sentado con las manos en la frente en actitud*

pensativa.) —En eso tienes razón. Todos los cuartos de nuestro mesón están ocupados; pero aún así, no ganaremos mucho, porque además de ser un simple mesón, la gente que se hospeda aquí es muy pobre y no puede pagar mucho. Si al menos se hubiera hospedado alguien importante, la cosa andaría mejor, pero todo parece indicar que la mala suerte no piensa apartarse de nosotros.

RUT. —Será un simple mesón, pero al menos ofrece descanso y abrigo a estas personas. ¿Ni siquiera te alegra saber que estás ayudando a gente necesitada? No tienes idea de lo difícil que se me hace comprenderte.

JOZABAD. —Si tú fueras hombre y tuvieras la responsabilidad que yo tengo, entonces me comprenderías.

RUT. —¡Ah!, ¿entonces piensas que no me preocupo por nada, crees que la vida es difícil y dura sólo para ti?

JOZABAD. *(Reacciona inmediatamente.)* —¡No, no! Disculpa, no quise decir eso. Es simplemente que. . .

RUT. —¿Qué? ¿Qué, Jozabad? Dímelo, necesito saberlo, tengo derecho.

JOZABAD. —Sí, claro que lo tienes, pero dudo que puedas comprenderme. Nunca logramos ponernos de acuerdo en este asunto. Además, ya los niños están dormidos y es injusto que les quitemos el sueño por estar discutiendo.

RUT. *(Con gesto de conformidad.)* —Está bien; si así quieres dejarlo, no me opongo, pero recuerda que. . .

(En ese momento Rut se calla, porque alguien llama a la puerta. Jozabad se dirige a abrirla. Se trata de José y María que buscan hospedaje.)

JOSE. —Disculpe, señor, que lo molestemos a tan avanzada hora de la noche, pero sucede que hemos venido desde lejos, somos de Galilea. Estamos agotados por lo duro del trayecto y quisiéramos que nos alquile un cuarto en su mesón.

Además, mi compañera está encinta y los días de su alumbramiento se han cumplido y no quisiera exponerla al frío de la noche.

JOZABAD. *(Decepcionado.)* —Comprendo la situación de ustedes pero todos los cuartos están ocupados, más bien tuvimos que acomodar gente en los pasillos y no contamos con el más mínimo espacio. Quizá en otro de los mesones haya lugar. En esta aldea hay varios mesones. ¿Por qué no preguntan en algunos de ellos?

JOSE. —Lo hemos hecho, señor. Casi todos están llenos y los demás piden mucho dinero. Nosotros somos de escasos recursos y no podemos pagar mucho. Por favor. Se lo suplico, cualquier lugar que nos ceda será suficiente para pasar la noche.

JOZABAD. —Lo siento, pero no tenemos lugar. Créame que con gusto les cedería mi cuarto pero sucede que ya mis hijos se acostaron y todos dormimos juntos. Como verá, somos una familia muy pobre.

JOSE. *(Con voz suave.)* —Eso no importa, señor; cuando hay amor, la pobreza pasa desapercibida. Por favor, haga todo lo que esté a su alcance, por lo menos deme un lugar para ella. *(Señala a María.)* Yo puedo dormir en cualquier parte, pero María, no.

(La esposa del mesonero ha permanecido dentro de la habitación escuchando la conversación y ha hecho señas a su esposo para que oiga lo que ella quiere decirle.)

JOZABAD. *(Haciendo señal de espera.)* —¿Qué quieres, Rut?

RUT. —Tengo una idea. Sé que no es muy buena, pero algo es mejor que nada. Esa pareja necesita un lugar donde pasar la noche, y creo que podemos ofrecerles aunque sea el establo. Sé lo que piensas, pero no podemos dejar a esa mujer encinta expuesta al frío de la noche.

JOZABAD. —¡Imposible! ¿Me crees capaz, Rut, de ofrecer el

establo? Si me da vergüenza ofrecer los cuartuchos del mesón, más vergüenza me daría dar ese establo. ¿Quién va a querer acostarse encima de una paja en la que duermen los animales? ¡No! Olvida esa idea.

RUT. —Pero, Jozabad, por Dios. . .

JOZABAD. *(Con firmeza.)* —He dicho que no, y es definitivo. Así que no pienses en discutir. ¡No, es no!

(El mesonero se dirige a la puerta para dar la mala noticia a José y María.)

JOZABAD. *(Con gesto de lástima.)* —Disculpe, señor, créame que lo siento, pero realmente no tengo qué ofrecerles, si no, con mucho gusto.

JOSE. —Perdone mi intromisión, pero me pareció escuchar que podrían hospedarnos en el establo.

JOZABAD. —¡Oh, no! Fue una idea tonta de mi esposa, pero no hagan caso.

JOSE. —No importa si la idea es tonta, si usted nos permitiera el establo, le quedaríamos muy agradecidos.

JOZABAD. —Creo que no me ha entendido. No puedo ofrecerles el establo, porque la paja huele mal y, además, es incómodo dormir entre los animales.

JOSE. —No importa. Por favor, alquílenos aunque sea el establo, es el único lugar que nos queda, compréndanos.

JOZABAD. *(Pensativo y asombrado por la súplica de José. Después de una pausa, habla.)* —Está bien, si así lo quieren, pueden dormir ahí. *(Rut, dentro de la casa, refleja su alegría por la decisión de su esposo.)* No se preocupen por la paga, me daría mucha vergüenza cobrarles por tan mal servicio. Los animales son mansos, así que no les tengan miedo.

JOSE. *(Con mucha alegría.)* —Gracias, señor, muchas gracias.

No tiene idea de la enorme ayuda que nos brinda. Dios se encargará de pagárselo.

JOZABAD. *(Vuelve la vista hacia su esposa.)* —Espera aquí, Rut, vuelvo pronto, quiero llevarlos hasta el establo. *(Se dirige a José y María.)* Vamos.

(Jozabad sale y cierra la puerta. Rut se sienta y permanece pensativa, en silencio. Al rato regresa su esposo, toca la puerta y ella se levanta para abrirle.)

JOZABAD. —¡Ya! Al fin se acomodaron. De veras que necesitaban un lugar, porque para dormir en ese establo tiene uno que estar desesperado. Pero bueno. . . al menos no pasarán frío. *(Breve pausa.)* Ahora tú y yo descansaremos. Este día ha sido muy agotador y debemos reponer energías para el día de mañana. Vamos.

RUT. *(Abrazando a su esposo.)* —Vamos, querido. ¿Sabes? Me siento muy contenta de ver que has servido a estas personas. Y como dijo el hombre, Dios se encargará de pagártelo.

(Salen del escenario abrazados y caminando, buscando el lugar en que dormirán, colocan la vela dentro del canasto que está en el suelo. No debe cerrarse el telón. Durante un minuto el escenario permanece solitario. De pronto empieza a escucharse un coro. Este puede ser el coro de la iglesia, un disco o una cinta grabada. El sonido debe ir aumentando poco a poco pero nunca muy fuerte. De pronto, Jozabad entra despacio y extrañado. Trae en su mano una candela. Permanece unos breves instantes en silencio y con gesto de querer escuchar de dónde provienen los cantos.)

JOZABAD. *(Caminando despacio de un lugar a otro.)* "¡Qué extraño! ¿Estaré soñando? No puede ser cierto, pero . . . parece que es tan real. Han estado pasando cosas muy extrañas, lo siento en el ambiente. ¿Qué será? Tengo miedo de salir, no sé de dónde provienen esas voces que cantan . . . ¡Dios mío! ¿Qué está pasando? No entiendo absolutamente nada. Creo que todo empezó desde que esa pareja llamó a la puerta para solicitar hospedaje. No sé, pero había algo extraño en ellos: el ambiente cambió. *(Pausa.)* ¡No . . . . Deben ser ideas mías, quizá porque estoy cansado."

(El mesonero sigue pensativo, se sienta y pone sus manos sobre la cabeza. Después de una breve pausa entra Rut. La música ha cesado.)

RUT. —¿Qué pasa, querido? Oí que hablabas y no pude soportar la tentación de averiguar lo que sucedía. Además, me pareció escuchar que alguien cantaba, pero eso debe haber sido producto de mi imaginación.

JOZABAD. *(Asustado.)* —¡Espera! ¿Has dicho que alguien cantaba?

RUT. —Sí, pero eso me lo imaginé.

JOZABAD. —¡No! No fue tu imaginación. Yo también lo escuché, por eso me levanté. Me da miedo todo esto, por eso no he salido a investigar. ¿Qué crees que pueda estar sucediendo?

RUT. —No podemos darnos cuenta, a menos de que salgamos a averiguarlo. Vamos, estoy segura de que no hay por qué temer.

JOZABAD. —¿Estás segura de que quieres averiguarlo?

RUT. —¡Sí! ¿Por qué? ¿Acaso tienes miedo?

JOZABAD. —No, no. ¿Cómo podría tener. . . ?

RUT. —Vamos, no hay por qué temer.

JOZABAD. —Pero es que. . . ¿No sientes algo extraño en el ambiente? ¿Algo diferente? Es algo que nunca antes había sentido, por eso me da miedo.

RUT. —¿Miedo? ¿Te da miedo sentir la presencia de Dios?

JOZABAD. *(Intrigado.)* —¿A qué te refieres con eso de la presencia de Dios?

RUT. —Tienes miedo y no comprendes nada porque nunca has sentido la presencia de Dios en tu vida. Yo la he sentido muchas veces y de muchas maneras, y te aseguro que ahora mismo la siento con mayor fuerza, como nunca antes la había sentido.

JOZABAD. —Ya vienes con tus inventos. Es que no desperdicias ni un instante para hablarme de tu Dios. ¿Cuándo dejarás esa costumbre, Rut, cuándo?

RUT. —Bueno, ahora no es momento para discutir. ¿Quieres que salgamos para. averiguar lo que sucede? ¿Sí o no?

JOZABAD. —Está bien, está bien, pero no tienes que hablarme así. Salgamos.

(Ambos salen por la puerta que da a la calle. Llevan la vela en sus manos. Nuevamente el escenario queda solo. No debe cerrarse el telón. Nuevamente empieza a escucharse el coro. El escenario permanecerá así durante uno o dos minutos. De pronto, entran por la puerta el mesonero y su esposa. Sus rostros deben marcar muy bien las emociones que sienten. El entra asombrado y ella con el rostro iluminado de alegría.)

RUT. *(Con suma alegría.)* —¿Lo ves? ¿Ahora comprendes lo que te decía? Estaba yo segura de que era la presencia misma de Dios. Te lo dije, Jozabad. ¿Por qué no me creías? Al fin ha llegado la salvación a Israel.

JOZABAD. —¡No! No puede ser. Me niego a creerlo. Y no insistas porque me niego a creer que ese niño que acaba de nacer es el Mesías enviado por Dios. Jamás creeré tal absurdo.

RUT. *(Continúa extasiada.)* —¡Oh, Jozabad, cuán ciego eres! ¿Cómo es posible que no creas que ese niño es el enviado de Dios? Esto es el colmo. Entonces, ¿cómo explicas todo lo que contemplamos? ¡Ah!, explícame entonces, ¿qué signifi-có para ti el canto de los ángeles, la adoración de los pastores? ¿Ni siquiera palpitó tu corazón más aprisa cuando nos acercamos al niño? Jozabad, tienes que aceptarlo, las profecías se han cumplido. Dios está con nosotros.

JOZABAD. —¡Imposible! Me niego a aceptarlo así de fácil. Además. . . ¿cómo iba a permitir Dios que su enviado naciera en ese pesebre? Si Dios es tan grande como tú me lo describes, entonces el Mesías nacería en un palacio y no aquí en un humilde establo rodeado de míseras viviendas.

RUT. —Pero, Jozabad. . ., las profecías. . ., ¿no comprendes?

JOZABAD. —¡Basta! No creo en esas profecías, mucho menos creeré que ese niño es el enviado de Dios para salvarnos. Así que, por favor, Rut, no insistas.

RUT. —Pero. . .

JOZABAD. *(Con voz cortante.)* —¡Basta! Te dije que no insistieras. No quiero oír ni una palabra más al respecto. Si tú quieres creer esas tonterías anda, créelas, pero no me molestes a mí con eso. Ya he oído bastante, estoy cansado de tus creencias. Así que no quiero que comentes nada más. Mañana será otro día y; por lo tanto, será mejor descansar.

(El mesonero sale por la puerta que da al cuarto. Su esposa permanece en el escenario. Se sienta en una silla y coloca sus manos en actitud de oración sobre su rostro. Luego habla.)

RUT. *(Con mucho dolor.)* —¡Oh, Dios mío! Hoy he contemplado tu presencia, mis ojos te han visto y mis manos te han palpado. Sé que no merecíamos que tu enviado naciera en nuestro humilde y pobre establo, pero así lo has querido tú. Mil gracias por esto. Ahora, Señor, permite que mi esposo Jozabad abra sus ojos. Quítale la ceguera espiritual. Haz que él te acepte como Dios que eres y acepte que tú enviaste ese hermoso niño. Te lo suplico como sierva tuya que soy. Que así sea.

(Rut apoya su rostro sobre la mesa y lo cubre con sus manos. El telón se cierra lentamente.)

ESCENA II

(Esta escena sucede en una habitación del aposento alto. Jozabad ha llegado a Jerusalén y se hospeda en el mismo edificio en que los discípulos del Señor llegan a consolarse después de que Jesús ha sido crucificado. Es un cuarto sencillo: cama, mesa, candela, canasto, dos sillas y una vasija con agua.)

JOZABAD. *(Sentado sobre la cama.)* "¡Ahhh! ¡Qué día más agotador ha sido este! Hace varios años hacer este viaje de Belén a Jerusalén no me cansaba, pero ahora con sesenta y siete años sobre mis espaldas no es lo mismo.

"¡Uf! Ya mis huesos se están gastando por completo. Así es la vida, uno nace, crece y muere; y luego, los hijos toman el lugar que dejamos y mis nietos tomarán el lugar de mis hijos. Y uno no puede hacer nada por cambiar esta situación, es inútil querer vivir más años de los que la vida nos da. De por sí que sería muy duro. Con costo he llegado a los sesenta y siete años, y aunque mi vida ha sido dura, creo que ha valido la pena caminar por el mundo. Ojalá que mi querida Rut no vaya a tener problemas con los muchachos. Aunque la verdad es que ellos son muy buenos. Han salido buenos para el trabajo, no sólo de la casa y el ganado, sino que también han sabido administrar el mesón. ¡Ay!, creo que será mejor descansar, de lo contrario voy a morir hoy mismo.

"¡Qué barbaridad! Qué viaje más cansado, y no me cansó tanto el viaje como ese tumulto de gente en las calles. ¡Cómo me costó abrirme paso entre esa multitud! Qué gente más desconsiderada, no les importó que yo fuera un anciano, no se daba cuenta de que yo necesitaba espacio; pero bueno, el caso es que ya llegué y ahora a descansar. *(Breve pausa en la que permanece en actitud pensativa.)*

"Por cierto. . . ¿por qué habrá tanta gente en las calles? Ya son varias las ocasiones en que he venido a Jerusalén durante la fiesta pascual y nunca antes había observado tantas personas en las calles. ¿Qué ocurrirá? Lo único que escuché fue que iban a crucificar a tres tipos, pero . . . ¿Por qué tanto alboroto por una simple crucifixión? Debe haber algo más. Quizá mañana pueda enterarme, no sé por qué me preocupo por lo que no me interesa. Por dicha, no traje a Rut, la pobre ya estaría averiguando qué pasa. Nunca va a cambiar, siempre ha sido así. Parece que vive en otro mundo."

(Jozabad se levanta, se dirige hacia su bolsa de la cual saca sus mantas para abrigarse durante la noche. Después se desata el calzado y se acuesta sobre la cama con la misma ropa que tiene puesta. Oculta la candela bajo el canasto. No se cierra el telón. El escenario y el hombre permanecen así aproximadamente treinta segundos. De pronto se escuchan voces. Hay movimiento dentro de la casa en que él duerme. Las voces demuestran que hay confusión, dolor, tristeza. Jozabad se despierta, inmediatamente se pone en pie y descubre la vela.)

JOZABAD. *(Mientras se ata el calzado.)* "¿Qué estará sucediendo? ¿Qué habrá pasado? Alguna tragedia debe haber ocurrido. Ya me parecía a mí que algo extraño circulaba en el ambiente. Lo mejor será investigar qué ocurrió, porque de lo contrario no podré dormir en paz pensando en esto que me intriga."

(Una vez que se ha puesto las sandalias, toma el candelero y se dirige a abrir la puerta. Sale de su habitación pero no por mucho tiempo. El escenario queda solitario, pero las voces se siguen escuchando. Aunque el escenario está solo, se escucha claramente que Jozabad está hablando.)

JOZABAD. *(Fuera de escena.)* —Por favor, señores, ¿podría alguno de ustedes explicarme lo que sucede? Por favor, ¡no se queden callados! Necesito que alguien me diga qué ocurrió. ¿Por qué están tristes y asustados? ¿Qué han visto? ¿Qué les han contado? Vamos, señores, no me dejen con esta intriga. ¡Ayúdenme. . . ! ¡Usted. . . ! ¡Mire usted. . . ! ¡Sí, usted! ¡Venga acá, por favor, apúrese, venga! *(Pausa.)* ¿Podría usted explicarme qué ha sucedido?

(En ese momento se escucha otra voz que habla con Jozabad, todavía fuera de escena.)

MATEO. *(Con voz triste.)* —El Maestro, el Maestro, lo han crucificado, ¡lo han matado! Ahora, ¿qué haremos? Sin él todo será diferente. Apenas ayer estábamos juntos, ¡y ahora! ¡Ahora lo han matado! ¿Por qué, Dios mío? ¿Por qué ha muerto?

JOZABAD. —Perdón, señor, no lo comprendo, no entiendo lo que me ha dicho usted. ¿Quién ha muerto y quiénes lo mataron? ¡Por favor, explíqueme! Venga a mi habitación, aquí no escucho nada, venga y cuénteme.

(Ambos aparecen en el escenario, Jozabad trayendo asido del brazo a Mateo.)

JOZABAD. *(Acercando a Mateo una silla.)* —Siéntese. *(Le sirve un poco de agua.)* Tome, le hará bien beber esta agua, al menos lo calmará para que pueda contarme lo que ha sucedido.

MATEO. *(Que ya se ha bebido el agua y está más sereno.)* —Bueno, no puedo contárselo todo porque debo reunirme con mis compañeros para orar. Necesitamos orar mucho para recibir consuelo y fuerzas de Dios. *(Leve pausa en la que se nota que toma aire.)* Mire, señor . . .*(Reacciona y con cierta duda.)* Perdone, pero ¿quién es usted? ¿Cómo se llama? Así no más no puedo hablarle, nuestras vidas corren peligro; a partir de hoy seremos drásticamente perseguidos. Así que no podemos hablar con cualquier individuo, mucho menos si es desconocido.

JOZABAD. *(Se levanta de su silla, se dirige hacia Mateo, pone su mano sobre su hombro.)* —¡No, hombre! ¡No te preocupes! ¿Cómo se te ocurre que vas a peligrar si me cuentas qué ha sucedido? ¿Es que no has visto mi rostro? ¿Cómo se te ocurre que yo, con estas facciones y esta ropa pueda hacerte daño? ¡Vamos! Ten confianza. Tengo derecho a enterarme de lo que ha sucedido. ¿Por qué tus amigos están tan tristes y llorando?

MATEO. —Está bien, te lo contaré y espero que realmente seas digno de confianza y no un espía.

JOZABAD. *(Interrumpiendo inmediatamente a Mateo y con gesto de asombro.)* —¿Yo espía? ¡Por Dios! ¿Cómo se te ocurre?

MATEO. —Está bien, creo en ti. Después de todo, el Maestro nos enseñó a no juzgar a nuestros semejantes, y así debo hacer contigo.

JOZABAD. *(Intrigado.)* —¿Maestro? ¿Qué maestro?

MATEO. —Jesús, nuestro Maestro y Señor. El fue quien nos enseñó todas las cosas. Por eso estamos tristes, hoy lo mataron. Primero lo humillaron, se burlaron de él, lo escupieron, le pusieron una corona de espinas y lo clavaron sobre una cruz. ¡Oh, no! ¡Por favor! No quiero recordarlo. *(Ambas manos cubren su rostro.)* Fue tan horrible todo lo que tuvo que pasar y sufrir por darnos vida eterna. . .

JOZABAD. *(Muy intrigado.)* —¿Vida qué? No entiendo, hablas de cosas muy extrañas. . . maestro . . . cruz. . . vida. . . , ¿cómo dijiste?

MATEO. —Vida eterna, eterna y abundante. Todo lo que sufrió fue para que todos fuéramos hechos hijos de Dios, menos él que ya lo era.

JOZABAD. —¿Que era qué?

MATEO. —Hijo de Dios.

JOZABAD. —¡Verdaderamente no te entiendo! ¿Quieres decirme que ese hombre a quien tú llamas Maestro, es el Hijo de Dios?

MATEO. —En efecto. El es Jesucristo, el Hijo del Dios viviente.

El, siendo Dios, se hizo hombre para darnos salvación de nuestros pecados.

JOZABAD. —¡Pero, hombre! ¿Cómo te atreves a decir que un hombre que es humillado y muerto en una cruz es el Hijo de Dios? ¡Tienes que estar loco!

MATEO. —No me importa el que me digas que estoy loco. Sólo sé que Jesucristo es el Hijo de Dios y que él nos ama. Por eso murió en la cruz por nuestros pecados. También murió por los tuyos.

JOZABAD. —¿Por los míos? Pero. . . yo ni siquiera lo conozco. ¿Cómo iba a morir por mis pecados? Además, yo no tengo pecados, pues cumplo con todo lo que me pide la ley.

MATEO. —La ley no es mala, pero tampoco salva. Jesucristo nos dijo que él es el único camino para llegar al cielo, la ley no te puede salvar, sólo Jesucristo puede hacerlo. Además, no importa que tú no le conozcas, porque él sí te conoce a ti.

JOZABAD. —Lo que no entiendo es que por qué lo mataron si era Hijo de Dios. Me imagino que sería un hombre grande y poderoso en conocimientos y riquezas. ¿Cómo, pues, lo iban a matar?

MATEO. —Te equivocas.El era un hombre humilde, no poseía riquezas materiales. En lo único que era rico era en su amor por los pecadores. Precisamente por eso lo mataron. ¿Quién iba a creer que él era el Hijo de Dios? Si él no tuvo casa, no recibía ningún salario, vestía humildemente, comía lo que comen los pobres, era carpintero, se relacionaba con la chusma del pueblo. . . es más, no tuvo lugar decente donde nacer.

JOZABAD. —¡No, no, no, no, no! Mira, te puedo creer todo, menos que no tuviera lugar decente en donde nacer. Si verdaderamente era el Hijo de Dios, ¿cómo iba a permitir su Padre que él naciera en cualquier lugar? Eso sí que no lo creo.

MATEO. —Pero es que a él no le importó nacer en un lugar humilde, más bien a través de eso él le mostraría al mundo entero que su reinado y su misión eran de humildad. Así, todos, aunque no seamos ricos, podemos pertenecer a su reino de paz y amor.

JOZABAD. —Realmente me suena muy extraño eso que dices . . .

MATEO. —Lo sé. A mí también me costó creer que él, siendo el Hijo de Dios, naciera en un pesebre, rodeado de paja y animales. Es más, no nació en una gran ciudad, vino a este mundo en el pueblecito de Belén, esa pequeña e insignificante aldea que no tiene mayor importancia.

JOZABAD. —¿Qué dices? ¿Qué nació en un pesebre?

MATEO. —Sí, en un pesebre; porque no había lugar para sus padres en el mesón. Su familia era muy pobre y tuvieron que viajar desde Nazaret hasta Belén para ser empadronados, pues así lo dispuso el emperador Augusto César. Al llegar a Belén no encontraron lugar en ningún mesón y tuvieron que pasar la noche en un establo, y ahí nació nuestro Señor. En un lugar humilde, pero glorioso, porque recibió la adoración de los pastores, de las huestes celestiales y de tres sabios del Oriente.

JOZABAD. *(Ha escuchado atentamente lo que Mateo le ha relatado. Permanece boquiabierto, pues está asombrado de lo que ha oído. Se ha percatado de que Jesús nació en su pesebre aquella fría noche hacía treinta y tres años. Pausa más o menos extensa, luego se lleva las manos a la cara y empieza a caminar por el cuarto. Luego habla.)* "¡Oh, Dios! ¡Dios mío! ¿Qué he hecho? ¡Dios mío! ¿Por qué yo? ¿Por qué?"

(Mateo no comprende lo que sucede y aprovecha que Jozabad se sienta sobre la cama con el rostro cubierto para salir suavemente de la escena, como no queriendo ser descubierto. Jozabad se queda solo en el cuarto.)

JOZABAD. *(Con dolor.)* "¡Oh, Dios mío! ¿Por qué actué así? ¿Por qué te traté tan mal? Ahora comprendo, Dios mío, ahora comprendo que tu Hijo fue quien nació aquella fría noche en mi establo. *(Pausa.)* ¡Señor, perdóname! Tú sabes que si hubiera sabido que era tu Hijo el que necesitaba un cuarto, le habría cedido el mío con todo gusto. Señor, tantos años con aquella noche dando vueltas en mi cabeza para venir a comprender esto el día que tu Hijo ha muerto. *(Pausa.)*

"Tantos años sin comprender todo lo que mis ojos contemplaron y mis oídos escucharon aquella noche cuando nació tu Hijo. ¡Tenía razón mi esposa! ¡Todo aquello no era otra cosa que tu presencia entre nosotros!

"¡Qué necio he sido! Ahora es tarde para entender, ahora es tarde para abrir mis ojos y mis oídos. ¡Señor, tu Hijo acaba de morir en forma humillante, y yo ni siquiera me preocupé por que al menos naciera decentemente. ¡Oh, Señor!, castígame si quieres, no soy digno de tu compasión. ¡Ya! Toda mi vida he deseado tener un mesón digno de ofrecer alojamiento a gente importante, siempre he cargado ese complejo y ahora me doy cuenta de que tuve el privilegio de hospedar al más importante del mundo, tu Hijo, y ni siquiera fui capaz de ofrecerle un cuarto decente. ¡Oh, Dios mío! ¡Perdóname!"

(Jozabad cae de rodillas con las manos sobre su rostro, apoyado sobre la cama. Se nota y se escucha que está llorando. Por unos segundos el escenario permanece así. El silencio es total. De pronto se escucha una voz fuerte pero dulce que proviene desde fuera del escenario. Esta puede ser grabada o leída.)

VOZ. "No te preocupes, hijo mío, no tienes por qué llorar, seca tus lágrimas. Lo que hiciste pertenece al pasado; es más, yo ni lo recordaba. Nunca he sentido odio ni resentimiento contra ti. Yo te amo, y mi amor se eleva por encima de los errores humanos. Además, quiero que sepas una cosa, tú fuiste el único hombre sobre todo el mundo que le ofreció a mi Hijo un lugar en el cual nacer. Ningún otro mesonero pensó en ofrecerle su humilde pesebre; pero tú , tú lo hiciste y al menos tuvo un lugar abrigado en el cual venir a este mundo. Los primeros en rendirle adoración no fueron los pastores, tampoco los ángeles, ni siquiera los magos con sus lujosos obsequios. El primero fuiste tú. Tú fuiste quien le dio el primer regalo, le diste tu humilde pesebre. Ahora, no pienses en que es tarde; no, aún estás a tiempo. Hoy le crucificaron; murió, mas no se quedará entre los muertos. Pasado mañana, tal como decía, resucitará.

"¿Sabes una cosa? Quiero pedirte que le des un lugar en tu corazón, pero no quiero que sea un rincón, quiero que le des el lugar más importante de tu corazón, de tu vida. Ahí él quiere vivir y no por una noche, sino por la eternidad ."

(Después de escucharse estas palabras, se pone música navideña con no mucho volumen. El hombre permanece en actitud de oración y el telón se cierra lentamente.)

NAVIDAD VIVIENTE

Gloria Sachs

Sugerencias: Este drama es una representación de la historia bíblica de Navidad. Las paráfrasis que se usan en el texto se basan en Lucas 1:8-22, 27-38, 39-55; Mateo 1:18-24; Lucas 1:57-79; 2:1-3, 6, 7, 8-15; Mateo 2:10, 11.

La escenografía varía según el presupuesto y la imaginación de cada iglesia. Se puede realizar en una sola plataforma, cambiando las propiedades detrás del telón mientras se escucha una música alusiva.

Para facilitar el cambio de propiedades, la plataforma puede repartirse en dos partes, colocándole un biombo o una cortina por el medio. Así será posible cambiar las propiedades en un lado mientras se desarrolla la siguiente escena en el otro lado.

Aun otro arreglo sería el de construir una pequeña plataforma a cada lado de la principal. (Véase el dibujo.) La plataforma A se usaría para las escenas 1, 7, 9 y 11; la B para las escenas 2, 6 y 8; y la C para las escenas 4 y 5. Las escenas 3 y 10 se desarrollarían en la sección D, o sea entre la plataforma A y el auditorio. Así, las propiedades se pueden colocar antes del programa y con poco arreglo entre escenas sirven para las siguientes que requieren una escenografía similar.

Si no hay telón para cerrar y abrir entre escenas, se pueden apagar o disminuir las luces entre escenas mientras se efectúa disimuladamente el cambio de propiedades.

PLATAFORMAS MULTIPLES

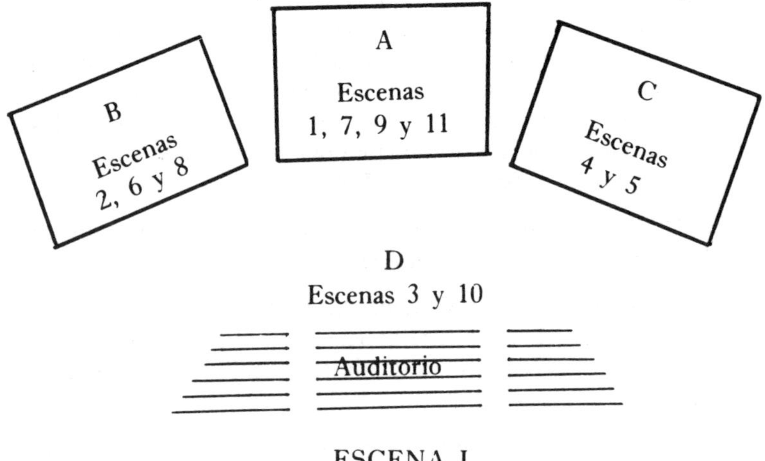

ESCENA I

PERSONAJES:
Zacarías.
El ángel Gabriel.
Israelita 1.
Israelita 2.
Un grupo de israelitas.

(El telón se abre revelando un altar del templo donde el sacerdote acostumbra ofrecer los sacrificios por el pueblo. Zacarías quema incienso a los pies del altar y se arrodilla para orar. El grupo de israelitas están en los primeros bancos del auditorio.)

ZACARIAS. "Dios de Abraham, de Isaac y de Jacob, recibe con agrado las ofrendas que hoy te ofrece tu pueblo para perdón de sus pecados."

(Aparece un ángel y Zacarías se asusta.)

ANGEL. —No tengas miedo, Zacarías. Dios ha escuchado tus oraciones. Tu esposa Elisabet va a tener un hijo que se llamará Juan. Te hará muy feliz, y muchos se alegrarán con su nacimiento. Tu hijo no beberá ninguna bebida alcohólica, y estará lleno del Espíritu Santo desde antes de nacer. El conseguirá que muchos en Israel se vuelvan al Señor su Dios. Juan irá delante del Señor, con el espíritu y el poder del profeta Elías, para que los padres se reconcilien con los hijos, y los rebeldes aprendan a obedecer. Así se preparará el pueblo para recibir al Señor.

ZACARIAS. *(Con incredulidad.)* —¿Estás seguro? Mira que yo soy viejo y mi esposa también.

ANGEL. —Yo soy Gabriel. Dios me ha mandado para hablar contigo y darte esta buena noticia. Pero ahora, como castigo por no haber creído, vas a quedarte mudo hasta que nazca tu hijo.

(Zacarías se esfuerza para pedir una disculpa, pero no sale ningún sonido de su boca. Lleva sus manos a la garganta y hace gestos desesperados para mostrar lo que le sucede. El ángel lo mira en silencio y se marcha. Zacarías permanece arrodillado y quieto. El pueblo comienza a murmurar, impaciente, y poco a poco el murmullo se transforma en palabras de reproche.)

ISRAELITA 1. —Zacarías, estamos esperando que cuentes lo que Jehová quiere decirnos. Dinos pronto ese mensaje porque debo atender mis negocios.

ISRAELITA 2. —¿Por qué te demoras en hablarnos? ¿Tan grande es nuestro pecado que Dios no quiere atendernos?

JOVEN ISRAELITA. —Tú eres nuestro sacerdote y, sea el mensaje de Dios bueno o malo, tu deber es transmitirlo al pueblo tal como lo recibiste.

(Zacarías se pone de pie y, extendiendo su mano, pide silencio. El pueblo se calla un momento, pero luego se impacienta al ver que Zacarías señala insistentemente el cielo.)

JOVEN. —¡Callaos todos! ¿No veis que el sacerdote no puede

hablar? Prestadme mucha atención, porque trataré de interpretar lo que Zacarías quiere decirnos.

(Zacarías vuelve a señalar al cielo.)

JOVEN. —¿Dios. . . ?

(Zacarías indica "Sí". Luego, se señala a sí mismo.)

JOVEN. —¿Me. . . ?

(Zacarías indica "Sí" y señala la boca.)

JOVEN. —¿Dice. . . ?

(Zacarías vuelve a señalarse y luego hace como para acunar a un bebé.)

JOVEN. —¿Me ama como a un niño. . . ?

(Zacarías indica "No", se señala otra vez y junta sus manos hacia adelante. Vuelve a acunar a un bebé en sus brazos.)

JOVEN. —¿Me . . . dará. . . Me dará un bebé. . . ?

(Zacarías indica "Sí.")

JOVEN. *(Con asombro, pero creyendo.)* —¿Tú y Elisabet vais a tener un bebé?

(Con mucha alegría, Zacarías indica que sí, y el pueblo lanza exclamaciones de asombro. Luego se hace un silencio reverente mientras se cierra el telón.)

ESCENA II

PERSONAJES:
  María
  José
  El ángel Gabriel

(Con un biombo se puede dividir el proscenio en dos partes, una

que representa el interior de una casa hebrea y la otra, el patio. María y José llegan tomados de la mano.)

JOSE.--¿Está tu padre en casa?

MARIA. —No; se fue con mamá al campo.

JOSE. —Entonces, volveré otro día. Quiero hablar con tu padre para ponerle fecha a nuestro casamiento. Me voy porque pronto será noche. . . Te quiero, María.

(José le da un beso en la frente y se marcha. María le dice adiós con la mano y entra a la casa. Luego comienza a barrer. Afuera, aparece el ángel Gabriel y algo cae haciendo un ruido que sobresalta a María.)

MARIA. —José, ¿estás allí?

(El ángel entra a la casa.)

ANGEL. —Te saludo porque Dios te ha elegido para llenarte de favores. El Señor está contigo y tú eres bendita entre todas las mujeres.

(María hace un gesto de asombro sin decir palabras.)

ANGEL. —No tengas miedo, María, porque hallaste gracia delante de Dios. Ahora concebirás y darás a luz un hijo que va a llamarse Jesús. El será un gran hombre y Dios le dará el trono de David. Reinará sobre la casa de Jacob con un reinado que no tiene fin.

MARIA. —¿Cómo va a suceder esto? José es el primer hombre en mi vida, y aún no nos hemos casado.

ANGEL. —El Espíritu Santo descenderá sobre ti con poder de lo alto y te protegerá. El que va a nacer será llamado Hijo de Dios, porque el Espíritu Santo lo engendrará. Además, te cuento que tu parienta Elisabet está en el sexto mes de gestación, a pesar de haber sido estéril toda su vida. Esta es la prueba de que para Dios no hay ninguna cosa que él no pueda hacer.

MARIA. —Aquí tienes a una sierva del Señor dispuesta a servirle. Quiero que él haga conmigo como has dicho.

(El ángel desaparece de su vista. Luego se cierra el telón.)

ESCENA III

PERSONAJES:
María
José

(La escena transcurre en un lugar al aire libre. Puede haber en el proscenio un banco de madera y unas plantas verdes que representen un parque. Se puede desarrollar en el espacio que hay entre la plataforma y el auditorio. María y José caminan lentamente; él va muy contento y ella, pensativa.)

JOSE. —Soy el hombre más feliz de la tierra porque pronto serás mi esposa. Nos casaremos cuando llegue el verano.

MARIA. *(Nerviosa.)* —Tengo que decirte algo, José.

JOSE. —Después, María. Ahora tenemos que planear una boda para que venga todo el pueblo.

MARIA. —Es que. . . no habrá boda.

JOSE. —¿Qué? ¿Acaso amas a otro hombre?

MARIA. —No; yo sólo he puesto mis ojos en ti, pero necesito que me escuches atentamente. Sucede que. . . yo. . . yo estoy embarazada.

JOSE. *(Muy nervioso.)* —¿Cómo? Puse toda mi confianza en ti y ¿así es como me pagas? . . . *(Más calmado.)* . . . Bueno, necesito estar a solas para pensar en esto . . . Nunca olvidaré los momentos que pasamos juntos.

(José se marcha apresuradamente, sin atreverse a mirarla.)

MARIA. —¡Espera, por favor! ¡Déjame explicarte!

(José sigue su camino hasta perderse de vista. María se arrodilla y ora.)

MARIA. "Señor, Dios de Israel, tú me elegiste para engendrar a tu Hijo, el Salvador de la humanidad. Mi prometido se alejó de mi lado y tal vez no vuelva. Si he de estar sola para criar al niño, te pido que me des fuerzas para hacerlo de la mejor manera posible. Confío en ti. Sé que no me abandonarás. Amén."

(Se cierra el telón.)

ESCENA IV

PERSONAJES:
María
Elisabet

(Al abrirse el telón, María llama a la puerta. Con gran alegría Elisabet sale a recibirla.)

ELISABET. —¡María! Dios te ha bendecido más que a todas las mujeres y también a tu hijo. ¿Quién soy yo para que venga a visitarme la madre de mi Señor? En seguida que te vi y escuché tu saludo, mi hijo saltó de alegría dentro de mí. Te veo muy feliz, y eso es porque creíste que todo lo que Dios te ha dicho se está cumpliendo.

MARIA. —Sí, soy tan dichosa que mi alma alaba en todo momento la grandeza de mi Señor, y mi espíritu se alegra en el Salvador. . . ¿Te das cuenta? Dios puso sus ojos en mí, su humilde servidora, y desde este momento me llamarán bendita porque el Todopoderoso ha hecho grandes cosas a través de mí. Su nombre es Santo en todo el universo. Dios tiene misericordia para los que le adoran con reverencia. Siempre utilizó su poder para deshacer los planes de los orgullosos y para sacar a los reyes de sus tronos y sentar en ellos a los humildes de corazón. Recibió a los hambrientos y

los llenó de bienes. A los ricos los despidió con las manos
vacías. Ayudó al pueblo de Israel, su siervo, y siempre le
tuvo misericordia, a pesar de que su pueblo se apartaba de
sus caminos. Prometió a nuestros antepasados que jamás los
abandonaría. Así cumplió con Abraham y luego con sus
descendientes. Así lo está cumpliendo ahora con nosotros, y
lo seguirá cumpliendo con todos aquellos que vendrán.

(Se cierra el telón.)

ESCENA V

PERSONAJES:
   José
   Un ángel del Señor

(José está recostado en su cama, con la mirada fija en el techo.)

JOSE. *(Se escucha su voz, como si fueran sus pensamientos,
   desde un grabador.)* "Quiero entender lo que está pasando.
   Yo quiero mucho a María, pero me duele que ella me haya
   hecho esto, justo ahora que teníamos todo listo para
   casarnos. ¿Acaso no fui bueno con ella? Formábamos una
   pareja muy unida en las buenas y en las malas. Yo creía que
   éramos el uno para el otro y ahora me doy cuenta de que
   estaba equivocado. No voy a verla más, pero tampoco le
   haré escándalo."

(José se queda dormido y aparece el ángel.)

ANGEL. "José, hijo de David, recibe sin temor a María como tu
   mujer, porque ese niño que va a nacer es el fruto del
   Espíritu Santo. Se llamará Jesús porque él salvará a su
   pueblo de sus pecados."

*(El ángel se marcha y, poco después, José se levanta. Se cierra
el telón.)*

ESCENA VI

PERSONAJES:
  María
  José

(Se abre el telón. María está sola en la casa cuando José llama a su puesta. Ella se sorprende al verlo.)

MARIA. —¡José! Yo no te esperaba; pensé que nunca más iba a volver a verte.

JOSE. —Un ángel del Señor me contó la verdad sobre tu embarazo. Si me hubiera quedado a escucharte, podría haberte ahorrado este sufrimiento de sentirte sola. Ahora adelantaremos la fecha de nuestro casamiento y tendremos una pequeña fiesta para nosotros y nuestros familiares más directos.

MARIA. —¡De acuerdo. . . ! Traeré algo fresco para beber.

(María sale y regresa en seguida con una jarra y dos vasos en una bandeja. Llena uno de los vasos y lo pasa a José.)

JOSE. —¿Escuchaste lo que dicen los pregoneros por las calles?

MARIA. —Sí; por orden del emperador Augusto César, todo el mundo debe ir a su lugar de nacimiento a anotarse para el censo.

JOSE. —Esto sucederá dentro de varios meses y para esa época el niño estará a punto de nacer. Tendremos que ir hasta Belén para anotarnos allí. Ahora pienso que el camino es muy largo y que no deberías hacer el viaje, por tu bien y por el del niño.

MARIA. —Yo también lo pienso, pero me digo a mí misma que es una obligación que debemos cumplir con el emperador. Además, nunca olvido que este hijo es de Dios y, por lo tanto, él se encargará de todo.

JOSE. —Es verdad. Pienso en lo que significa para la humanidad presente y futura la llegada al mundo del Mesías prometio. No alcanzo a comprender el amor de Dios para con los hombres, pero le agradeceré a él toda mi vida por habernos elegido a ti y a mí para que seamos los padres terrenales de su Hijo.

(José y María se toman de la mano y se quedan pensativos. Se cierra el telón.)

ESCENA VII

PERSONAJES:
Elisabet
Zacarías
Bebé
El sacerdote
Algunos familiares del niño

(El escenario es el templo donde todo está listo para la circuncisión del bebé. Se abre el telón. El sacerdote recibe al bebé de los brazos de su madre. Zacarías los observa.)

SACERDOTE. —Zacarías. . . , Elisabet. . . , me alegra mucho poder circuncidar hoy al pequeño Zacarías.

(Zacarías hace señas indicando que "No", y la gente comienza a murmurar.)

SACERDOTE. —¿Acaso este niño llevará otro nombre?

(Zacarías indica "Sí.")

ELISABET. —Va a llamarse Juan.

SACERDOTE. —¿Por qué? Nadie lleva ese nombre en tu familia.

UNO DEL GRUPO. —Zacarías, ¿cómo va a llamarse tu hijo?

(Por señas, Zacarías pide algo para escribir. Le pasan una hoja de cuero y una pluma dentro de un tintero. Zacarías escribe algo en la hoja y la pasa al sacerdote, quien lee en voz alta.)

SACERDOTE. "Juan es su nombre."

ZACARIAS. *(Lentamente.)* —Juan es su nombre.

(Todos se asombran de que Zacarías pueda hablar.)

OTRO DEL GRUPO. —Estoy seguro de que este niño llegará a ser alguien importante, porque Dios lo ha acompañado desde antes de nacer.

ZACARIAS. —Bendito sea el Señor, Dios de Israel, porque ha venido a salvar a su pueblo. El prometió por medio de sus profetas enviarnos un descendiente de David su siervo y ahora lo ha cumplido. Juró a nuestro padre Abraham que nos librará de nuestros enemigos para que podamos servirle sin temor. Estaremos en su presencia con rectitud y santidad todos los días de nuestra vida. . . *(Dirigiéndose a su bebé.)* . . . Juan, hijito mío, tú serás llamado profeta de Dios, porque irás delante del Señor para preparar sus caminos. Dirás a los pueblos que Dios les perdona sus pecados si ellos se arrepienten y que les dará la salvación en su gran misericordia. A través de su Hijo Jesús llegará la luz de la verdad a aquellos que están en la más negra oscuridad. El Salvador guiará nuestros pasos por el camino de la paz.

(El grupo permanece en silencio por unos momentos. Luego se cierra el telón.)

ESCENA VIII

PERSONAJES:
  Un matrimonio que viene a alojarse
  María
  José
  El dueño de la hostería

(Cuando se abre el telón se ve al dueño de la hostería sentado a la mesa de negocios. Entra un matrimonio para pedir alojamiento. El dueño se levanta y los saluda.)

EL HOMBRE. —Deme una habitación para recién casados.

EL DUEÑO. —Lo siento, pero me queda una habitación para una sola persona.

EL HOMBRE. —No importa. Sé que es muy difícil conseguir alojamiento, porque mucha gente viene a anotarse a este pueblo para el censo. Nos arreglaremos con esa habitación.

(El hombre paga, el dueño le da las llaves y la pareja se va. Entran María y José. Ella se ve muy cansada.)

JOSE. —Escuché que ya no quedan habitaciones, pero le ruego que nos permita descansar, aunque sea en la cocina.

EL DUEÑO. —Lo siento, pero hay gente durmiendo ya en los pasillos.

JOSE. —Perdone que insista, pero mi esposa va a tener el bebé en cualquier momento. Si usted no nos ayuda, nuestro hijo nacerá en la calle.

EL DUEÑO. —En ese caso. . . humm. . . bueno. . . El único lugar disponible es el establo donde duermen los animales, donde está guardado el pasto para nuestros ganados.

JOSE. —Está bien. Nosotros arreglaremos el lugar. Gracias por su amabilidad.

(Mientras José y María van saliendo, se cierra el telón.)

ESCENA IX

PERSONAJES:
María
José

(Al abrirse el telón, se ve a María y José en el establo. María comienza a ordenar todo, pero se cansa pronto. Prepara el pesebre para acostar al bebé.)

JOSE. —María, no trabajes tanto. Prepararé un lugar para que puedas descansar.

(José pone unas mantas sobre un colchón de pasto. María se acuesta y pronto José también lo hace. Transcurren algunos segundos y los dos parecen dormir. María da vueltas en el colchón de pasto y luego se dirige a su esposo.)

MARIA. —¡Despiértate, José! El niño ya está por nacer.

JOSE. *(Levantándose bruscamente.)* —¿Ya? Pero. . .

MARIA. —Tráeme agua limpia. . . y los pañales que tengo preparados.

(José sale apresuradamente. Se cierra el telón.)

ESCENA X

PERSONAJES:
   Los pastores
   Un ángel
   Un coro de ángeles

(Al abrirse el telón, se ven algunos de los pastores cumpliendo con la vigilancia nocturna sobre el rebaño mientras los otros duermen. Una fuerte luz ilumina todo y aparece un ángel. Los pastores se atemorizan.)

EL ANGEL. —No tengáis miedo. Os traigo una buena noticia para todo el pueblo. Hoy acaba de nacer en Belén el Cristo, el Señor. Podréis reconocerlo porque está envuelto en pañales y acostado en un pesebre.

(Inmediatamente aparece el coro de ángeles y entona un breve canto navideño. Luego, los ángeles se van, y los pastores conversan entre sí.)

UN PASTOR. —Tenemos que ir hasta Belén y ver a Jesús, aquel
Mesías que nuestro pueblo espera desde hace tiempo.

TODOS. —¡Sí! Vamos. . .

(Mientras van saliendo, se cierra el telón.)

ESCENA XI

PERSONAJES:
María
José
El bebé
Los pastores
Los reyes del Oriente
Gente curiosa de aquella época
Un relojero de la actualidad
Un guitarrista de la actualidad
Un pecador (hombre o mujer) de la actualidad

*(Al abrirse el telón se ven José y María y el niño acostado en el
pesebre. Entran los pastores y saludan a José y María. Luego se
acercan a la cuna del niño. Se arrodillan para adorarle y
entregarle algún humilde presente. Luego aparecen los reyes de
Oriente y presentan sus regalos de oro, incienso y mirra. Mientras
mantienen la pose, se escucha el himno, "Noche de Paz". Al ver
esta escena uno de los curiosos comenta con los demás.)*

EL CURIOSO. "Es hermoso ver cómo la llegada al mundo de
Jesús el Salvador puede unir a los poderosos reyes del
Oriente junto con los humildes pastores, sin distinción de
clases."

(Entra el relojero y deja a los pies de Jesús su reloj de arena.)

RELOJERO. "Quiero dedicar todo mi tiempo a la extensión del
Reino de Dios."

(El guitarrista se presenta con su instrumento.)

GUITARRISTA. "Ofrezco mi música para alabar al Señor."

(El pecador entra con la cabeza inclinada. Habla y luego se arrodilla junto al pesebre.)

PECADOR. "Sólo te traigo mi vida llena de pecado para que tú la limpies."

(La escena permanece estática unos segundos mientras se sube el volumen de la música. Luego se encienden las luces del salón, dando por finalizada la obra. Se cierra el telón.)

LA NAVIDAD DE UN MUSICO

Luis Bernal Lumpuy

PERSONAJES:

Pedrito, un niño de 11 a 12 años. (Si el papel tiene que ser representado por una niña, sólo hay que cambiar el nombre en todo el drama.)

Laura, madre de Pedrito.

Francisco, padre de Pedrito.

Profesor, un hombre de 35 a 40 años.

Tomás, amigo del profesor.

Un narrador.

Nota: En la ejecución de este drama se requiere el uso de algún instrumento musical y, si es posible, más de uno. Si la congregación no tiene acordeón, se puede usar guitarra u otro instrumento apropiado.

ESCENA I

Escenario: Sala de un hogar, iluminada por las luces de un árbol de Navidad. Francisco, el padre, lee la Biblia mientras su esposa Laura enseña una clase de música a Pedrito.

(Mientras se abre el telón, se escucha un villancico instrumental.)

PEDRITO. —¡Mamá, estoy cansado de repetir esta lección! ¡Ya me la sé de memoria! ¿Cuándo me enseñarás otra?

LAURA. —Mañana comenzaremos una nueva lección, Pedrito.

FRANCISCO. *(Interrumpiendo su lectura.)* —Laura, ¿sabes? Ya he estado considerando la posibilidad de que Pedrito reciba clases de música con un maestro que le pueda enseñar la ejecución de algún instrumento musical.

LAURA. —¡Me parece una gran idea, Francisco! Quiero, igual que tú, que Pedrito pueda tocar algún instrumento. ¡Ese es uno de mis sueños, querido!

FRANCISCO. —Entonces, tengo una gran noticia para ti. He conseguido un buen maestro de música para él.

LAURA. —¡Esto es maravilloso! Me alegra muchísimo esa noticia.

PEDRITO. —¡Y a mí también, papito! ¡Seguro que ese maestro tiene un instrumento y puedo aprender a tocarlo!

FRANCISCO. —Sí, Pedrito. Este profesor enseña varios, y estoy seguro de que con él aprenderás rápido y que así podrás pronto tocar los himnos de la iglesia, ya sea con el piano o con el acordeón.

PEDRITO. —¡El acordeón! ¡Ah, papito, cuánto diera por tener un acordeón!

LAURA. —¡Ya lo tendrás, Pedrito! Esfuérzate, aprende y aprovecha bien el tiempo, y obtendrás el premio. ¿Verdad, Francisco?

FRANCISCO. —Sí, Laura, por supuesto.

LAURA. —¿Y quién es el maestro, Francisco? ¿Cómo se llama?

FRANCISCO. —Es un señor conocido como el profesor Márquez Sánchez.

LAURA. —¿Márquez Sánchez? ¡Da la impresión de que es un personaje importante! ¿Lo conoces?

FRANCISCO. —Estuve ya tratando con él acerca de las clases de Pedrito, y él sólo espera que nosotros decidamos. Hace pocos meses que vive en esta ciudad. Como tú sabes, aquí no había nadie que enseñara música. El vino a vivir con un amigo suyo, y éste le sugirió que aquí él tendría futuro como maestro de música.

LAURA. —¿Y quién te lo recomendó?

FRANCISCO. —Algunos de mis compañeros en la fábrica. Tienen a sus hijos estudiando con él. Me dicen que están satisfechos con el adelanto que muestran.

PEDRITO. —Bueno, papito. . . Entonces, ¿las clases de música van a ser mi regalo de Navidad?

FRANCISCO. —No, por supuesto que no, Pedrito. Esto es otra cosa. Los regalos de Navidad vendrán a su tiempo.

PEDRITO. —¡Ah, mamita, ahora que digo Navidad. . . ! *(Pensativo.)* ¿Sabes una cosa? A mí me extraña que ustedes nunca me hayan llevado a tu casa durante las vacaciones de Navidad. Siempre vamos a visitar a la familia de papito, pero no a casa de tu familia. . . ¡Y quisiera conocerla! ¿Iremos esta vez?

LAURA. —No, Pedrito. Tal vez en otra ocasión puedas conocer. . .

PEDRITO. —¡Ah, qué lindo sería! ¡Es muy bonito ver a la familia reunida en Navidad!

FRANCISCO. —Sí, Pedrito, la Navidad es un tiempo apropiado para expresar el amor. Pero, sobre todo, la Navidad nos recuerda que el Príncipe de Amor nació en Belén hace cerca de dos mil años y que él vino a este mundo para salvarnos y hacer posible que nosotros también sintamos ese amor y seamos felices.

(Laura se entristece; asoman lágrimas a sus ojos y ella las seca disimuladamente con un pañuelo.)

PEDRITO. —¡Mamita! ¿Por qué lloras?

FRANCISCO. *(Con seriedad tratando de desviar la atención del niño.)* —Pedrito, debes estar cansado de tus lecciones. ¿Por qué no sales a la calle a jugar un rato con tus amiguitos?

PEDRITO. —¡Sí, papito! Voy a buscar a David y Wilfredo para salir en las bicicletas.

(Pedro sale. Francisco se acerca a su esposa, la cual se ve afligida.)

FRANCISCO. —Te comprendo, Laura. Pedrito te ha recordado la triste historia que no puedes olvidar.

LAURA. *(Entre sollozos.)* —Sí, Francisco, la historia que no quiero contarle.

FRANCISCO. —Pero debiéramos contársela, Laura. De todas maneras se trata de algo que sólo le impresionará un poco. El puede entender esa historia a su edad. . . Cuando hayan pasado estos días de Navidad, yo mismo se la voy a relatar.

LAURA. —Sí, quizá sea mejor para que no vuelva a preguntarme otra vez por mi familia. ¡No quiero recordar aquel terrible accidente en que murieron todos mis seres queridos!

FRANCISCO. —No todos, amor mío. Me has dicho que tenías un hermano que también sobrevivió contigo.

LAURA. —Es cierto, Francisco. Mi hermano Carlos también salió ileso en el accidente. Cuando tu abuela me llevó a mí, un médico llevó a Carlos y lo adoptó. Poco después, se fueron de la ciudad sin que nunca más supiéramos de ellos. Carlos tenía unos quince años en ese tiempo. . .

FRANCISCO. —Tenemos esperanza de encontrarlo algún día, Laura. Al menos podemos suponer que está vivo.

LAURA. —Pero es como si hubiera muerto. ¿Quién sabe dónde vive? ¡Oh, Francisco, si pudiera encontrar a mi hermano Carlos! Contemplar su rostro, abrazarlo y besarlo como solía hacerlo cuando éramos niños. . .

FRANCISCO. —Tengamos fe. Confiemos en que Dios haga un milagro . . .

LAURA. *(Se seca las lágrimas y sonríe.)* —¿Sabes una cosa, Francisco? Nuestro Pedrito se parece tanto a mi hermanito Carlos. El también estudiaba música. Era dos años mayor que yo. Lo recuerdo perfectamente cuando tenía sus doce o catorce años, cuando se sentaba ante el piano como un pianista consagrado. . . ¡Era un virtuoso en la música, Franscisco!

FRANCISCO. —¿Sí? . . . *(Pausa. Luego cambia el tono de la conversación.)* Laura, estamos en Navidad. Me gustaría cantar para olvidar nuestras tristezas y así animar nuestras almas. De todos modos, sabemos que Dios reina y que todas las cosas ayudan para bien a quienes le aman. . . Tus padres y tus abuelos eran creyentes en Jesucristo. ¡Por lo tanto, ellos están en el cielo!

LAURA. —Tienes razón, Francisco. ¡Estoy segura de que ellos están en el cielo! No puedo comprender por qué Dios se los llevó al cielo cuando Carlos y yo éramos niños y los necesitábamos tanto; pero algún día podré entenderlo. Tampoco comprendo ahora por qué el Señor no me ayuda a encontrar a Carlos, pero. . .

FRANCISCO. —Sí, algún día, Laura. En el cielo entenderemos muchas cosas por las cuales debíamos haber agradecido a Dios en la tierra. ¡Por eso debemos darle gracias siempre y por todo!

LAURA. *(Con un suspiro.)* —Aunque es tan difícil. . . Pero . . . las entenderemos. Sí, Francisco, me gustaría cantar el himno que tanto me gusta, "Me Niega Dios". Tiene una letra tan real para mi vida que me ayuda a vivir. ¿Me acompañas?

FRANCISCO. —¡Oh, sí, querida mía!

(Toman un himnario que está encima de la mesa. Alguien fuera de escena les acompaña con algún instrumento mientras cantan el himno, "Me Niega Dios", de Ernesto Barocio y Adam Geibel, No. 260, El Nuevo Himnario Popular, *Casa Bautista de Publicaciones. El telón se cierra, y el público continúa escuchando las dos estrofas restantes del himno.)*

ESCENA II

Escenario: Habitación del profesor Márquez Sánchez. Un acordeón sobre un mueble, un piano cubierto de papeles pautados y libros de música. Una pizarra pequeña con un pentagrama y signos musicales sobre él. El profesor se encuentra sentado frente al piano, haciendo algunos arreglos sobre una partitura colocada delante de él, o ensayando algo en el acordeón. También puede escucharse una grabación instrumental clásica mientras se abre el telón.

(Después de una pausa se escuchan toques a la puerta y el profesor va a abrir.)

FRANCISCO. —¡Buenas tardes, profesor!

PROFESOR. —¡Buenas tardes, señor Morales!

FRANCISCO. —Aquí le presento a mi hijo Pedrito para que usted comience a darle sus lecciones.

PROFESOR. —¡Muy bien! Adelante, señor Morales! ¡Adelante, Pedrito!

(Mientras Francisco conversa con el profesor, Pedrito observa curiosamente los detalles característicos de la habitación.)

PROFESOR. —Como ya le dije cuando usted vino la primera

vez, este no es un local apropiado para dar lecciones, pero ya dentro de poco tendremos lista el aula que el amigo Tomás está reparando.

FRANCISCO. —Bueno, creo que lo más importante es que sus clases sean bien aprovechadas por Pedrito. Queremos que él pueda muy pronto usar sus habilidades en la iglesia.

PROFESOR. —¿En la iglesia?

FRANCISCO. —Sí, profesor. Soy un creyente en Jesucristo. Soy un cristiano evangélico y para mí lo más importante es aprender para servir a Dios.

PROFESOR. —¡Ah, sí! Bueno, debemos comenzar la primera lección.

FRANCISCO. —Entonces yo me marcho. Pedrito conoce bien el camino de regreso a casa, y no vivimos muy lejos de aquí.

PROFESOR. —Muy bien, señor Morales. ¡Tenga buenas tardes!

(Francisco sale de la habitación y cierra la puerta. El profesor Márquez Sánchez se sienta junto al muchacho.)

PROFESOR. —Te gusta la música, ¿verdad?

PEDRITO. —Sí, señor, me gusta mucho.

PROFESOR. —¿Y sabes algo?

PEDRITO. —Sé un poco. . . Lo que me ha enseñado mi mamá.

PROFESOR. —¿Y te ha enseñado ella algún instrumento?

PEDRITO. —No, porque no tenemos. Sólo conozco un poco de teoría y de solfeo.

PROFESOR. —Muy bien, entonces escucha las notas que voy a tocar. *(Toca algunas notas.)* . . . ¿Las distingues? ¿Puedes decirme el nombre de estas notas?

PEDRITO. —Sí, señor.

PROFESOR. —Magnífico. Hagamos la prueba nuevamente.

(Pedrito va diciendo las notas que el profesor toca.)

PROFESOR. —Muy bien. Tienes un buen oído musical. Vamos a comenzar entonces la primera lección. . . ¡Eh, un momento! *(El profesor observa con detenimiento algo que Pedrito trae prendido a la solapa de su camisa.)* ¡Déjame ver esa medallita! *(La toma en sus manos.)* ¡Ah, no es una medalla! ¡Es un texto de la Biblia! ¡DIOS ES A. . .M. . .O. . .R! *(Con ironía.)* Dios es amor. . . ¡Bah, si eso fuera cierto. . . !

PEDRITO. —¿No cree usted en Dios, profesor?

PROFESOR. —¡Oh, Pedrito! ¡Si Dios existiera no ocurrirían cosas tan desastrosas en el mundo! Este mundo es desordenado y triste. . . La vida es un pasatiempo trágico. . . ¡Si hubiera un Dios, sería un ser que se entretiene con la desdicha y el sufrimiento de los seres que él mismo creó!

PEDRITO. —¡Oh, profesor, qué triste debe ser no creer en Dios! ¡Mis padres aman a Dios y son felices! ¡Yo también creo en él! ¡Y claro, yo veo que la vida es muy bella!

PROFESOR. —Perdóname, Pedrito. He cometido un error al decirte estas cosas. Pero es que esa medallita tuya me trajo extraños recuerdos de cuando yo era niño. También me trae recuerdos de mi juventud. . . ¡Mi presente es muy amargo! Soy un hombre decepcionado y sin propósito. . .

PEDRITO. —Yo pensaba que un músico como usted debiera estar contento de poder interpretar bellas canciones. ¡La música es tan linda! Profesor, ¿quiere que le cante un himno de los que cantamos en nuestra iglesia?

PROFESOR. —Está muy bien, cántalo, Pedrito.

(Pedrito comienza a cantar el himno, "Si Feliz Quieres Ser". Antes de terminar la primera estrofa, el profesor lo detiene.)

PROFESOR. —¡Espera, Pedrito! Me gustaría que lo cantaras

con música. Yo lo puedo tocar. Hace muchos años yo lo cantaba también. . . Y aunque ahora no soy feliz, me gusta esa canción. Me recuerda la época feliz de mi niñez. ¡Sí, al menos cuando era niño fui feliz! ¡Vamos, canta mientras te acompaño!

(El profesor toca y Pedrito canta la primera estrofa del citado himno de Abraham Fernández y C. C. Cota, No. 321, El Nuevo Himnario Popular, *Casa Bautista de Publicaciones.)*

PROFESOR. —¿Sabes? ¡Me ha alegrado tanto esta canción! Después de muchos años hay un poquito de alegría en mi corazón. Creo que la primera lección me la has dado tú a mí, Pedrito.

PEDRITO. —Mire, profesor, voy a anotar en este papelito el nombre de una radioemisora que transmite programas cristianos con música como ésta. Usted puede escucharlos y disfrutar de esas canciones de la iglesia.

PROFESOR. —Te lo agradezco. . . Bien, vamos a la clase de música. . .

(Vuelve el profesor a tocar el instrumento, mientras el telón se corre y termina la escena.)

ESCENA III

Escenario: El cuarto de Pedrito. El niño entra con ropas de dormir. Se escucha el himno, "Dulce Oración", en una interpretación instrumental, mientras Pedrito lee su Biblia en silencio. Después, el niño se arrodilla junto a la cama. Mientras se escucha la oración, se mantiene el fondo musical.)

PEDRITO. "Señor Jesús, tú conoces el corazón de mi maestro de música. Tú sabes que él se encuentra muy solo y muy triste. ¡El te necesita! Solamente tú puedes hacerlo feliz. Te ruego que cambies su vida y lo llenes de dicha y de alegría en esta Navidad."

ESCENA IV

Escenario: Aparece otra vez la habitación del profesor. El está sentado, meditabundo, inquieto.

(Tomás toca a la puerta. Luego, la abre y entra.)

TOMAS. —¡Carlos! ¿Todavía aquí metido? Mi esposa te espera para la cena. ¿Por qué no has ido a comer?

PROFESOR. —No, Tomás. No tengo deseos de cenar hoy.

TOMAS. —¿Estás enfermo?

PROFESOR. —No exactamente enfermo. . . Tomás, ¿pudieras prestarme tu radio?

TOMAS. —¿La radio? ¡Sí, cómo no! Espera, vuelvo en seguida con ella.

(Sale Tomás. El profesor queda en la habitación y comienza un monólogo en voz alta. Si se prefiere, puede usarse una grabación.)

PROFESOR. "¡Aquella medallita! ¿Dónde he visto antes esa medallita que trae en la solapa de su camisita mi alumno Pedrito? Debo recordar. . . ¡Qué buen muchacho es Pedrito! ¡Qué feliz debe ser la vida en ese hogar! ¡Si yo tuviera un hogar como ése! Pero no, mi destino es andar solitario con mi música, mis papeles, mis instrumentos y mis tristezas . . . Tal vez si no hubiera sido porque mis padres, mis abuelos, mi familia. . . ¡Ah, mi familia! ¡Sí, yo también tuve un hogar dichoso! ¡Qué buenos eran papá, mamá, abuelo, abuelita, mi hermanita. . . !"

(Se abre la puerta y entra Tomás con una radio en la mano.)

TOMAS. —¡Aquí tienes, Carlos! Pero, ¿qué te sucede? ¿Has vuelto a beber?

PROFESOR. —No, Tomás. ¿Por qué?

TOMAS. —Te encuentro extraño. . . Bueno, usa la radio. Y cuando quieras cenar avísanos.

(Tomás sale de la habitación y cierra la puerta. Observando el papelito escrito por Pedrito el profesor busca una emisora de radio.)

PROFESOR. "¡Aquí! Sí; ésta debe ser la emisora. Es exactamente la hora. . ."

(Puede usarse una grabación usando la identificación de una programación evangélica radial que se escuche en el área de la iglesia local. El mensaje debe ser breve y apropiado para la ocasión. Después se oirá el himno, "Noche de Paz". Después de la primera estrofa se interrumpirá para que el profesor continúe su monólogo.)

PROFESOR. "¡Noche de Paz! ¡Sí; yo mismo he interpretado esa canción muchas veces! ¡Es una hermosa canción! ¡Oh, ahora recuerdo lo de la medallita! ¡Sí, ya sé, esa medallita de Pedrito! ¿Será posible? ¡Esa medallita era igualita a la de mi hermana Laura. ¡Sí! Papá se la regaló en un día de Navidad. . . ¡Claro que lo recuerdo bien! ¡Oh, Dios mío! Sí; aquella noche papá me regaló un reloj y a Laura le regaló la medalla con el texto bíblico que dice: "Dios es amor". Allí todos cantamos. . . cantábamos ese himno. . . . Bien que me acuerdo. . . ¡Era este himno! Este himno habla del niño Jesús . . . Mis padres y mis abuelos me enseñaron a amar a Jesús del pesebre y de la cruz. . . ¡Sí; mis padres y abuelos amaban a Jesús, creían en Dios con todo el corazón, y eran felices!"

(Una sonrisa ilumina el rostro del profesor. Un rayo de luz cae sobre su rostro, y él continúa su monólogo.)

"¡Entonces. . . ! Sí; Pedrito se parece a mi hermana. El debe ser el hijo de Laura. . . Ella le dio el regalo de papá. . . ¡Oh, Dios mío, esto es un sueño! ¡Es grande tu misericordia! He desperdiciado mis mejores años viviendo lejos de ti, pero he comprobado que una vida así es inútil.

Sin embargo, no tengo fuerzas para cambiarla yo mismo. Señor, cámbiala tú. Conoces bien la fragilidad de mis pensamientos y la amargura de mi alma. Te ruego en el nombre de Jesucristo que limpies mi corazón para sentir la paz y el amor tuyos. ¡Yo sé que tú lo puedes hacer porque eres el Creador y nada hay imposible para 'ti."

(Aquí continúa el himno, "Noche de Paz", y se cierra el telón.)

ESCENA V

Escenario: La misma de la primera escena. Pedrito se prepara para salir a su clase de música. Laura le despide. Al abrir el telón se escucha un villancico de Navidad que continúa hasta que el diálogo comienza.

PEDRITO. —Mamita, tengo que decirte una cosa. Ayer, antes de comenzar la clase, ocurrió algo que me ha impresionado mucho.

LAURA. —Dime, Pedrito, ¿qué sucedió?

PEDRITO. —Mira, mamita. . . El profesor se puso muy raro y dijo cosas muy extrañas que yo no sé repetir. . . Dijo algo así como que es un desdichado, que no cree en Dios, que es un amargado. . .

LAURA.—¿Y qué le respondiste, hijo?

PEDRITO. —Pues. . . le canté un himno y. .

LAURA. —Muy bien. . . ¿Y qué más?

PEDRITO. —Bueno, le dije que oyera los programas evangélicos de la radio. . . ¿Y sabes una cosa? Cuando oré anoche, también pedí por el alma de mi profesor para que Dios le salve. ¡Oh, mamita, cuando terminé de orar por mi maestro sentí mucho gozo en mi corazón! Yo estaba seguro de que Dios estaba oyéndome. . .

LAURA. —¡Gloria a Dios! Pedrito, ¿y qué piensas decirle si vuelve a hablar del mismo asunto?

PEDRITO. —No, mamita, no esperaré eso. Hoy mismo le hablaré y le contaré lo que yo sé de Cristo.

(Se escucha un toque repetido en la puerta.)

LAURA. —¡Corre, abre la puerta, Pedrito! ¡Tal vez sea el cartero con más tarjetas de Navidad!

(Fondo musical de un villancico muy alegre.)

PEDRITO. —¡No, mamá! No es el cartero. . . ¡Es mi profesor de música!

LAURA. —¿Tu profesor? ¡Dile que entre, Pedrito!

(El profesor entra y muestra una radiante sonrisa en su rostro.)

PROFESOR. —¡Laura, hermanita mía! ¡Los años no han marchitado la belleza de tus ojos!

LAURA. —¿Quién es usted? ¡Oh, sí! ¡Eres Carlos! ¡Carlitos! ¿Cómo es posible? ¡Mi hermanito, mi hermanito! ¡Déjame abrazarte como lo hacíamos de niños, en aquellos días de Navidad cuando llegaban los regalos!

PROFESOR. —¡Nunca he recibido un regalo más precioso que éste, Laurita, hermana mía!

LAURA. —¡Sí, Carlos, yo tampoco! ¡Este es un extraordinario regalo de Navidad que Dios en su infinita misericordia nos ofrece hoy!

PEDRITO. —¡Mamá! ¿Quieres decir que el profesor. . . ?

LAURA. —Sí, Pedrito, el profesor Márquez Sánchez es tu tío Carlos. . . *(Carlos abraza a Pedrito.)* Tú querías conocer a mi familia en esta Navidad y Dios te ha concedido esta petición.

CARLOS. —¡Y traigo un regalo para ti, Pedrito! ¡Espera! *(Va a la puerta y regresa con un acordeón.)* ¿Ves? Este acordeón es para ti. ¿No querías uno? Pues aquí está. . .

PEDRITO. —¡Qué bueno! ¡Qué bueno! ¡Tengo tío! Y ¡tengo acordeón!

(Entra Francisco, muy contento.)

FRANCISCO. —¡Ya lo sé todo! ¡Carlos, querido Carlos! ¡Al fin Dios me permite conocerte! ¡Dios ha respondido a nuestras oraciones! ¡Hasta ayer fuiste para mí el profesor Márquez Sánchez, pero hoy formas parte de nuestra familia! ¡Sí, lo sé todo! *(Lo abraza.)* Tu amigo Tomás acaba de contarme tu historia. . .

LAURA. —¿Y ellos?

CARLOS. —Más tarde te lo contaré. ¡Ahora a cantar y a reír! ¡Celebremos este encuentro milagroso! ¡He conocido a Jesucristo como mi Salvador, he encontrado un hogar! ¡Me siento muy feliz! ¡Ha renacido hoy en mi corazón la alegría que no tuve por muchos años! ¡Jesucristo ha nacido en mi alma! ¡Esta, sí, es mi Navidad!

(Francisco, Laura, Carlitos y Pedrito cantan el himno "Feliz Navidad", de L. V. Estanol y S. G. Paz, No. 30, Himnos Favoritos, Casa Bautista de Publicaciones. Al cantarse la tercera estrofa, se comienza a cerrar el telón.)

UNA NAVIDAD DIFERENTE

Esteban P. Elías

PERSONAJES:
El padre.	Tío.
La madre.	Doña Elvira, una vecina.
Ernesto, un hijo.	Don José, un vecino.
Julio, un hijo.	Voz de mujer.
Sara, una hija.	Voz de hombre.
	Coro de la iglesia.

Escenario: Al abrirse el telón la escena representa el comedor de una casa, sencillo pero bien arreglado. Habrá una mesa con sillas y algún otro mueble adecuado que las circunstancias permitan ubicar adecuadamente. En caso de disponer de poco espacio, el telón de fondo en el que algunos muebles estarán pintados permitirá resolver el problema y completar el decorado. Un texto bíblico en un cuadro bien visible indica al auditorio desde el mismo comienzo la condición de creyentes de los moradores de la casa.

(La madre, vestida informalmente y con delantal, entra por un costado con elementos para completar el arreglo de la mesa para una comida. Mientras acomoda el mantel, platos, copas, etcétera, tararea suavemente alguna canción sencilla. Por el mismo costado entra Sara con elementos para seguir adornando el árbol de Navidad, el que ya estará semiarreglado en un lugar adecuado.)

SARA. —¡Cuánto trabajo cuesta tener preparadas las cosas! ¿Verdad, mamá?

(Continúan trabajando cada una en su tarea.)

MADRE. —Créeme, hija mía, que estoy muy cansada. Me levanté muy temprano esta mañana y no he parado ni un momento hasta ahora. A mediodía apenas tuve ganas de comer un bocado y. . . ¡lo que falta todavía!

SARA. —Pues habrá que darse prisa, mamá, porque son casi las cuatro, y el tío y los muchachos prometieron venir temprano. *(Pausa.)* ¡Qué lindo es celebrar la Nochebuena!, ¿verdad, mamá? No se siente el cansancio de los preparativos.

(Afuera se oye golpear las manos.)

ELVIRA. *(Desde afuera.)* —¿Se puede?

MADRE. —¡Adelante, doña Elvira! *(Elvira entra.)* ¿Qué tal van esos preparativos en su casa? Porque supongo que hoy vendrán todos y celebrarán la Nochebuena juntos, ¿verdad?

ELVIRA. —Sí, así es. Esperamos a los hijos y a nuestros nietecitos que siempre son motivo de mucha alegría para nosotros. Pero, con toda sinceridad, muchas veces desearía que no llegara esta fecha. ¿Saben lo cansada que estoy? *(Con vehemencia.)* Los viajes que he hecho al mercado, al almacén, a la panadería, qué sé yo a cuántos lugares. . . ¿Y el dinero? ¡Por favor! He gastado tanto y pienso que todavía no termino de comprar todo lo que tengo anotado. ¡Es terrible!

MADRE. —No me lo diga. ¿Se fijó en lo caro que está todo? Nosotros también llevamos gastada una pequeña fortuna en las compras de tantas cosas: regalos, turrones, pan dulce, las cosas para la cena.

SARA. *(Con gestos adecuados.)* —¡Bueno, bueno, por favor, no hagan un drama ahora! Esta noche es Nochebuena y no es noche de dormir. Vamos, alegría, viejitas, que es lo único que debe reinar hoy. ¡Alegría, mucha alegría!

ELVIRA. *(Cariñosamente.)* —¡Ah! ¡La juventud! Nunca piensa con seriedad en nada.

VOZ. *(Se oye por el mismo costado por el que entró doña Elvira.)* —¡Almacenerooooo!

MADRE. *(Fuerte, hablando hacia afuera.)* —Voy. . . *(Luego habla a Elvira.)* Iré a recibir las cosas que trae el almacenero. No quiero ni pensar en la cuenta.

ELVIRA. —Bueno, yo también me voy, pues todavía me faltan muchas cosas por hacer. Hasta luego, queridas, y ¡feliz Nochebuena!

SARA. —Gracias, doña Elvira, igualmente para ustedes. Yo voy a ayudarte, mamá. *(Salen las tres.)*

(La escena se queda vacía y con cambios de luces se indicará que anochece, pues va quedando semioscura. Pasado un momento de efectuado este cambio, entra la madre y enciende una luz que haya sido puesta al efecto y que simule ser la luz de la habitación. Mientras canta bajito, acomoda la mesa como dando los últimos toques a todo: sillas, manteles, copas, etc. Ha cambiado visiblemente su indumentaria por otra apropiada para lo que sigue.)

MADRE. *(Como hablando consigo misma.)* "Ya pronto comenzarán a llegar. *(Mira su reloj.)* ¡Oh, ya son las ocho y media!"

(Por el costado en que se supone está la calle, entran alegremente Ernesto y Julio.)

ERNESTO. —¿Qué dice la mamita linda? Seguro que está muy cansada, ¿verdad? Bueno, venimos a ayudarte. . . *(Ambos se besan con cariño.)*

MADRE. *(Simulando enojo.)* —¡A buena hora vienen ustedes a ayudar! ¡Ya está todo listo! ¿En dónde han estado toda la tarde?

JULIO. —Bueno. . . Yo estuve un ratito con don Carlos.

MADRE. *(Con picardía.)* —¿Con don Carlos o con su hija Raquel?

JULIO. *(Con rubor.)* —Mamá. . .

TIO. *(Entrando de la calle.)* —¡Hola, hola! ¿Qué están haciendo mi querida hermana y mis queridos sobrinos? *(Se saludan con naturalidad pero con visible afecto.)*

ERNESTO. —¡Feliz Nochebuena, tío!

TIO: —Gracias, y lo mismo digo para todos ustedes. ¿Y mi querido cuñado?

MADRE. —Ya llegará pronto. Tuvo que ir al centro, pero dijo que. . . Mira, justamente allí lo tienes. . .

PADRE. *(Entrando.)* —¡Bueno, bueno! Parece que soy el último en llegar, ¿no? ¡Feliz Nochebuena a todos! *(Se saludan.)*

(Sara entra llevando una bandeja que pone sobre la mesa, en la que habrá una jarra con refrescos y trozos de pan dulce en un plato.)

MADRE. —Buena idea, hijita. Será bueno que comamos un pequeño anticipo de cena que hemos preparado para medianoche.

TODOS. —¡Bien, muy bien!

(Todos se sientan informalmente. La madre y la hija sirven y todos participan. Esta parte debe ser animada con conversación muy natural, muy informal, sobre temas de actualidad local: deportes, trabajo, política, noticias de los diarios del día, etc., cualquier tema MENOS LOS ESPIRITUALES. Para nada debe ser mencionada la iglesia, el Señor, etc., y todo debe ser improvisado por los actores. Esta parte debe durar un rato y debe ser hecha con total naturalidad y espontaneidad. Hablan varios a la vez como siempre ocurre en las reuniones de ese tipo. Pasado un rato, el drama sigue.)

TIO. *(Pidiendo silencio.)* —Perdonen que yo sea siempre el más atrevido, pero me parece que si esperamos a medianoche para ver los regalos que hay en el árbol, corremos el riesgo de que luego la cena se enfríe, y eso *(con picardía)* no nos conviene, ¿verdad? Yo sugiero que miremos ahora los paquetes.

TODOS. —¡Sí, sí! ¡Buena idea! ¡Vamos!

(No muy ordenadamente, todos buscarán sus regalos y abrirán sus paquetes, haciendo cada uno algún comentario adecuado respecto del contenido del mismo. También, podría alguien encargarse de repartir los paquetes, llamando a cada uno por nombre. Debe ser un momento espontáneo y alegre, realizado con naturalidad. Después de un rato, repentinamente se oirán explosiones afuera, las que pueden ser realizadas en el patio haciendo estallar algunos petardos. Todos mostrarán sorpresa.)

JULIO. —¿Oyen? Vamos afuera que están quemando fuegos artificiales. Corramos. . .

(Salen todos apresuradamente, menos la madre, la que se sienta de frente al público, mostrándose cansada y pensativa. Pasado un momento en esa actitud, mientras se queda así, se oye una voz de mujer, claramente audible para el auditorio, que muy pausada, suave y marcadamente irá hablando. La segunda voz será la de un hombre que, con mucha claridad y buena dicción, leerá los versículos bíblicos.)

VOZ 1. "María, ¿me oyes? ¡Soy tu conciencia! ¿Qué has hecho todo el día? ¿Qué ha hecho hoy toda tu familia? ¿Qué hace ahora? ¿Qué hará más tarde? Celebran la Navidad, ¿no? ¿Cómo? ¿Te has fijado? Celebran, pero. . . ¿recuerdan para algo al celebrado? ¿Cómo está la vida espiritual? ¿Recuerdas, María, lo que dijo Pablo?"

VOZ 2. "Gozaos en el Señor" (Fil. 3:1).

VOZ 1. "María, ¿vuestro gozo de hoy es EN EL SEÑOR? ¿Qué tal el gozo en este año que ya está pasando? ¿Ha sido EN EL

SEÑOR? ¿Recuerdas, María, lo que dijo el evangelista Juan?"

VOZ 2. "No améis al mundo, ni las cosas que están en el mundo. Si alguno ama al mundo, el amor del Padre no está en él. Porque todo lo que hay en el mundo, los deseos de la carne, los deseos de los ojos, y la vanagloria de la vida, no proviene del Padre, sino del mundo. Y el mundo pasa, y sus deseos; pero el que hace la voluntad de Dios permanece para siempre" (1 Jn. 2:15-17).

VOZ 1. "María, ¿no ama demasiado tu familia al mundo y las cosas del mundo? ¿Cómo ha sido la colaboración de tu familia al trabajo de la iglesia este año? ¿Cuándo y de qué manera ha estorbado el amor al mundo y las cosas del mundo una colaboración mejor para con la iglesia? ¿Recuerdas, María, lo que dijo el apóstol Pedro?"

VOZ 2. "Por tanto, ceñid los lomos de vuestro entendimiento, sed sobrios, y esperad por completo en la gracia que se os traerá cuando Jesucristo sea manifestado; como hijos obedientes, no os conforméis a los deseos que antes teníais estando en vuestra ignorancia; sino, como aquel que os llamó es santo, sed también vosotros santos en toda vuestra manera de vivir; porque escrito está: Sed santos, porque yo soy santo. Y si invocáis por Padre a aquel que sin acepción de personas juzga según la obra de cada uno, conducíos en temor todo el tiempo de vuestra peregrinación; sabiendo que fuisteis rescatados de vuestra vana manera de vivir, la cual recibisteis de vuestros padres, no con cosas corruptibles, como oro o plata, sino con la sangre preciosa de Cristo, como de un cordero sin mancha y sin contaminación" (1 P. 1:13-19).

VOZ 1. "María, ¿sigue caminos de santidad tu familia, que celebra la Navidad hoy? ¿Son de verdad fieles a aquel que los ha redimido a tan alto precio? ¿Cómo anda tu familia, María? ¿Recuerdas lo que dijo Jesús?"

VOZ 2. "Este pueblo de labios me honra; mas su corazón está lejos de mí. Pues en vano me honran" (Mt. 15:8, 9).

VOZ 1. "María, ¿está cerca del Señor el corazón de los tuyos? ¿Tu honra a él en esta Navidad, y todo el año, es de labios o de corazón? ¿Recuerdas lo que él dijo?"

VOZ 2. "Yo soy el pan vivo que descendió del cielo; si alguno comiere de este pan, vivirá para siempre" (Jn. 6:51).

VOZ 1. "María, hoy que hay tantos manjares en vuestra mesa, ¿está tu alma alimentada adecuadamente con el Pan de Vida? ¿Cómo anda tu fortaleza en Jesús? ¿No te parece María, que debieras llamar a los tuyos a la reflexión? ¡Hazlo, María! *(Con voz persuasiva, como un ruego.)* ¡Hazlo, no tengas temor, que será para bien. Haz que esta Navidad llegue a ser de verdadero valor espiritual para los tuyos. Llámalos, María, llámalos pronto, y diles lo que el Señor te ha hablado. Hazlo, María, hazlo. No te demores."

(Calla la voz, y la madre, como si despertara de un sueño, se levanta agitada, se asoma afuera por donde salieron los suyos momentos antes y, mostrando gran excitación e inquietud, llama gritando a su familia.)

MADRE: —Vengan, vengan pronto, vengan todos, por favor.

TODOS. *(Entrando asustados.)* —¿Qué pasa?

PADRE. *(Pone su mano sobre el hombro de la esposa, cariñosamente.)* —¿Te sientes mal? ¿Qué ha sucedido?

MADRE. *(Con aflicción evidente, cubriendo su rostro con las manos.)* —¡Oh, qué ingratos, qué tremendamente ingratos!

PADRE. *(Con insistencia.)* —Pero, ¿qué pasa? ¿Qué te ha pasado, esposa mía, por favor?

JULIO. —Mamá, por favor, que nos preocupas mucho.

ERNESTO. —Mamá, esta noche es Nochebuena.

MADRE. —Justamente, es Nochebuena y tanta ingratitud.

TIO. —Me parece que le ha molestado que nos hayamos ido todos y la hayamos dejado sola. Perdónanos, por favor, creo que ni nos dimos cuenta.

SARA. —Sí, mamá, si es eso tienes razón. La verdad es que con el entusiasmo de los fuegos artificiales ni pensamos.

MADRE. —Nada de eso. Es que el Señor Jesús acaba de hablarme y me ha mostrado todo nuestro egoísmo, nuestra mucha ingratitud. Sí *(con vehemencia),* ¡egoísmo e ingratitud! En todos los preparativos, en todo el entusiasmo por celebrar la Navidad, en todo hemos pensado en nosotros, solamente en nosotros. Comida para nosotros, adornos para nosotros, regalos para nosotros, felicitaciones y buenos deseos para nosotros; ¡todo, todo para nosotros! ¿Y qué para el Señor? Para el Señor Jesucristo, ¡NADA! Para él ni siquiera un recuerdo, ni siquiera una alabanza, una palabra de acción de gracias. ¡Qué pobre ha sido nuestro comportamiento! Oh, ¿qué haremos para reparar nuestro mal?

PADRE. *(Apesadumbrado.)* —Tienes razón, querida, hemos sido muy ingratos.

SARA. —Es cierto. Estoy de acuerdo y ¡muy avergonzada! Yo quiero proponerles algo.

JULIO. —¿Sí? ¿Qué haremos?

SARA. —¿Qué les parece si comenzamos cantando un himno de Navidad?

TODOS. —¡Muy buena idea!

ERNESTO. —¿Cuál podríamos cantar?

TIO. —Hay uno que a mí me gusta mucho. . . ¿Cómo era?

(Mientras el grupo está tratando de encontrar qué cantar, repentinamente se oye afuera al coro de la iglesia que entona un himno de Navidad. La familia se queda paralizada de asombro,

en actitud contemplativa, mientras el coro, sin verse, prosigue con una estrofa de un himno de Navidad, terminada la cual el padre habla.)

PADRE. —¿Quiénes serán que tan hermosa y oportunamente han cantado en nuestra puerta?

VOZ. *(Desde afuera.)* —¿Se puede pasar?

JULIO. *(Asomándose.)* —Miren, son los jóvenes del coro de la iglesia que han venido a cantarnos un himno de Nochebuena. Sin saberlo ellos son la solución para nuestro problema. . . *(mira hacia afuera.)* Pasen, pasen, por favor.

(Entran los integrantes del coro, se saludan expresando deseos de felicidades y se acomodan adecuadamente en la escena.)

MADRE. —Queridos hermanos, estábamos justamente muy tristes en el momento en que ustedes llegaron, porque el Señor ha dicho a nuestros corazones una gran verdad. Estábamos celebrando el nacimiento de nuestro Señor sin acordarnos absolutamente para nada de él. Pero, ¡qué bien! Hemos oído su voz y ahora, sí, ustedes podrán ayudarnos a celebrar dignamente esta Navidad.

SARA. —¿Por qué no cantamos todos juntos ahora mismo algunos himnos? ¿Quieren?

PADRE. —¿Cómo podríamos no querer? ¡Sí, cantemos!

(El coro y la familia cantan los himnos de Navidad que han sido preparados al efecto, que pueden ser varios según la extensión que se quiera dar a la obra. Cuando están terminando de cantar se oye llamar a la puerta.)

ELVIRA. —Permiso, ¿se puede pasar?

MADRE. —Adelante, doña Elvira, ya sabe que esta es su casa.

(Entran doña Elvira y don José, su esposo.)

ELVIRA. —Desde casa hemos estado escuchando cantar tan

lindo, y cuando nos dimos cuenta de que era aquí no pudimos resistir el deseo de venir a ver qué pasa. . . porque se escuchaba tan lindo.

JOSE. —Sí, queremos saber qué significa. . . por qué están tan felices.

JULIO. —Yo soy el más joven y les voy a explicar.

TIO. —Sí, es una hermosa oportunidad para completar nuestro gozo en esta Nochebuena: ¡dar testimonio!

JULIO. —Hoy hemos descubierto que habíamos olvidado el verdadero sentido de la Navidad. La habíamos transformado en una fiesta para nosotros olvidando que en ella se celebra el nacimiento de Jesús.

ERNESTO. —Déjame decirles que Jesús es nada menos que el Hijo de Dios que vino al mundo para salvar a los pecadores.

JOSE. —Sí; pero ustedes son gente buena.

ERNESTO. —La Biblia dice que no hay nadie bueno delante de Dios.

SARA. —Claro. Dice que todos somos pecadores.

MADRE. —Que no hay justo ni siquiera uno.

JULIO. —Y que todos necesitamos de su Salvador.

MADRE. —Y que Jesús es ese Salvador, porque Dios nos amó de tal manera que lo envió para morir en la cruz y hacer posible nuestra salvación.

JOSE. —¡Ea! Un momento, por favor, que nos abruman con tantas cosas juntas. ¿Cómo es eso que están diciendo?

MADRE. —Es algo realmente maravilloso, que deben saber.

ELVIRA. —Sí, parece maravilloso, pero. . . no entiendo.

PADRE. —Es sencillo. Todos tenemos una deuda que pagar a Dios y no hay cosa alguna que podamos hacer para pagarla.

Nuestros pecados nos han separado completamente de Dios y no podemos acercarnos a él por ningún medio nuestro. Por eso la Biblia dice que "todos pecaron" y que por ello "están destituidos de la gloria de Dios", porque dice que "la paga del pecado es la muerte". Ahora bien, si no dijera más que eso sería terrible pero, gracias a Dios, que dice que él nos amó de tal manera que mandó a su Hijo para que, naciendo en un pesebre y luego, más tarde, muriendo en la cruz, pagara esa deuda nuestra. Quienes así lo aceptan con fe son perdonados de sus pecados y Dios les asegura la vida eterna.

TIO. —Eso quiere decir que toda persona que reconoce su condición espiritual, que reconoce que es pecadora y acepta a Jesucristo como su Salvador personal es salva, pues es en Jesucristo y en su muerte en la cruz que Dios perdona a los pecadores sus pecados y les hace posible comenzar una nueva vida de gozo. ¿Comprenden?

ELVIRA. —Creo que sí, pero. . . nosotros. . . ¿Podemos aceptar. . . creer?

MADRE. —No sólo pueden, sino que deben hacerlo.

PADRE. —También en esto habíamos fallado, pues hasta hoy no les habíamos hablado del Señor. ¡Qué vergüenza!

JOSE. —Yo siempre he estado pensando que algo tenía que haber para que los hombres pudieran encontrarse con Dios, aunque reconozco que no le había prestado mucha atención. Ultimamente, no obstante, algo me ha estado preocupando . . . los años pasan, uno piensa, qué sé yo, tantas cosas. Pero yo quiero poder creer como ustedes porque yo también deseo encontrarme con Dios.

ELVIRA. —Ahora creo que comienzo a comprender.

MADRE. —¡Gloria al Señor! Ahora sí que esto ha sido una Navidad completa.

ELVIRA. *(Como hablando consigo misma.)* —Así es que si creo que Jesucristo murió en la cruz en mi lugar, Dios me perdona todos mis pecados. . . *(A todos.)* ¿Es así?

MADRE. —Sí, doña Elvira, es así. Jesús dijo: "Al que a mí viene, no lo echo fuera" (Jn. 6:37). "El que cree en mí, aunque esté muerto, vivirá" (Jn. 11:25). Si cree, ¡tiene asegurada por Dios la vida eterna!

ELVIRA. —Yo creo, Dios mío. ¡Qué hermoso!

JOSE.—Yo también creo. Sí, esto es lo que sin saber estuve buscando siempre. Gracias, Dios mío, esto es maravilloso.

PADRE. —Hoy ustedes van a poder celebrar dos nacimientos: el del Señor y el de ustedes mismos, pues él ha dicho que aceptarlo y ser salvos es ¡NACER DE NUEVO! ¡Gracias al Señor! ¿Qué les parece si oramos?

ERNESTO. —Antes, creo que debiéramos hacer otra cosa, porque ahora lo vamos a poder hacer mejor que nunca. ¿Por qué no cantamos el más lindo himno de Navidad, "Noche de Paz"?

JOSE. —Sí; aunque no lo sabemos nosotros, vamos a escucharles con emoción. Pero, por favor, terminen pronto porque tengo un tremendo apuro por ir a casa y decirles a los míos lo que ha pasado y decirles también que ellos pueden ser salvos, porque el Señor Jesús les ama a ellos también y murió por ellos, ¿verdad?

MADRE. —Sí, es verdad. Qué hermoso es ver cómo usted, don José, ya está pensando en testificar. ¡Dios le ayude!

JULIO. —Bueno, cantemos "Noche de Paz".

(Cantan todos juntos mientras los vecinos, que no lo saben, escuchan con evidente felicidad. Finalmente, el padre hace una oración espontánea y sentida, después de la cual se cierra el telón.)